Thorsten Rump 1/88

29,80

Knaus

K

85

29,80

Carlos Saura / Antonio Gades

CARMEN

Ein Traum von bedingungsloser Liebe
Mit der Novelle von Prosper Mérimée

Albrecht Knaus Verlag

Design und Layout: Emil Tröger
Zeichnungen auf den Seiten 174/175: Antonio Saura

Übersetzung des Drehbuchs und des Texts von Antonio Gades:
Inge Görgens
Übersetzung der Texte von Diego Galán und Carlos Saura:
Hartmut Zahn

Satzgestaltung der deutschen Ausgabe: Hanne Koblischka
Satz: Utesch Satztechnik GmbH, Hamburg
Lithographie: Reproducciones Cromoherma, S. A., Barcelona
Druck und Einband: Printer Industria Gráfica, S. A., Barcelona
Depósito legal D. L. B. **11808-1985**
Printed in Spain.
ISBN 3-8135-0576-6

Inhalt

Einführung

Die Idee zu diesem Buch entstand beim Betrachten der herrlichen Bilder von *Carmen*, dem prachtvollen Film von Carlos Saura. Die anschließend auftauchenden Fragen wirkten wie eine Herausforderung: Warum nicht in einem Buch die ganze Faszination dieses Höhenflugs der Kunst festhalten, den das Ballett von Antonio Gades bewirkte? Wäre es nicht aufregend, den gesamten Prozeß der Entstehung und Entwicklung des Werkes darzustellen, die Verwandlung, welche die Novelle von Prosper Mérimée erfuhr, und wie aus ihr dieses Geschenk für Geist und Seele entstand? Würde es möglich sein, durch das geschriebene Wort die Noten auszudrükken, die sich wie musikalische Schmetterlinge von der Gitarre des Paco de Lucía in die Lüfte erhoben? Würden die gedruckten Bilder die ganze plastische Schönheit vermitteln können, die das Tanzensemble des Antonio Gades im Film in Szene gesetzt hatte?

Wie bei einem Filmkonzept, das stets von dem noch wenig konkreten Rohgerüst des Drehbuchs ausgeht und sich auf dem Wege der Verwandlung in einen Spielfilm mit Phantasie auffüllt, so erging es uns mit unserer Idee: Dem ursprünglichen Konzept wurden bereichernde Elemente hinzugefügt, und allmählich wuchs das Projekt an zu dem vorliegenden Buch.

Die Aufgabe war nicht leicht. Wir mußten die Filmschöpfer wieder zusammenholen, die aufgrund ihrer beruflichen Verpflichtungen überall verstreut waren. Aber es gelang uns, und alle, angefangen von Carlos Saura über Antonio Gades bis hin zu Emilano Piedra, dem Produzenten, boten begeistert ihre Mitarbeit an.

Unsere Arbeit ging aus von dem literarischen Drehbuch, das Carlos Saura uns liebenswürdigerweise überließ und dem er einen Überblick beifügte, in welchem er die ersten Gedanken und Eindrücke aufgezeichnet hatte, die der Verwirklichung des Films vorausgingen. Von da an begannen wir mit der Materialsammlung. Wir erhielten eine Serie wundervoller Fotos von den Dreharbeiten. Wir konnten uns die unschätzbare Mitarbeit von Antonio Saura sichern, dem Bruder von Carlos Saura und einem der Großen der zeitgenössischen spanischen Malerei, der uns eine Reihe von Illustrationen für dieses Buch widmete. Außerdem durften wir auf die Mitarbeit von Diego Galán zählen, dem Filmkritiker, der uns eine ausgezeichnete Arbeit über die Geschichte des Carmen-Mythos in der Verfilmung lieferte.

Das Ergebnis ist ein Werk, das, wenn es auch nicht den gleichen Zauber ausstrahlt wie der Film oder die Theaterversion der *Carmen*, so dennoch ein Spiegelbild beider und des Balletts ist. Darüber hinaus gibt es nicht nur deren Faszination wieder, sondern zeichnet auch ziemlich realistisch den Prozeß der filmischen Umsetzung durch Saura und Gades, das Traumgespann brillanter künstlerischer Arbeit, sowie deren nächste Mitarbeiter Laura del Sol, Cristina Hoyos, Paco de Lucía, Pepa Flores, Toñín usw. auf.

Mit diesem Buch leisten wir einen bescheidenen Beitrag zu dem triumphalen Welterfolg, den der Mythos von Carmen darstellt und dessen glanzvolle Wiederkehr auf allen Leinwänden und in vielen Theatern der Welt erstrahlt – nicht allein in der Interpretation von Saura und Gades, sondern auch von Jean-Luc Godard, Francesco Rosi, Peter Brook, Plácido Domingo u. a. Es ist wie eine Explosion, durch die Prosper Mérimée und sein Werk zu neuem Ruhm gelangen.

Der Herausgeber

Prosper Mérimée: **Carmen**

Πᾶσα γυνὴ χόλος ἐστιν · Ἔχει δ'ἀγαθὰς δύο ὥρας,
Τὴν μίαν ἐν θαλάμῳ, τὴν μίαν ἐν θανάτῳ.

PALLADAS*

1

Jenen Geographen und Historikern, die das alte Schlachtfeld von Munda in die Gegend der Bastuli-Poeni, nahe dem heutigen Monda, verlegen möchten, kann ich den Vorwurf mangelnder Gründlichkeit nicht ersparen. Nach meiner Auslegung des Textes des *Bellum hispaniense* (dessen Autor nicht bekannt ist) und nach gewissen Aufschlüssen, die ich der vortrefflichen Bibliothek des Herzogs von Osuna verdanke, kam ich zu der Überzeugung, daß die denkwürdige Stätte, wo Julius Cäsar den letzten Schlag gegen die Stützen der römischen Republik führte, in der Gegend von Montilla zu suchen sei.

Ein Aufenthalt in Andalusien, im Herbst des Jahres 1830, sollte die mir noch verbliebenen Zweifel beseitigen. Und die Denkschrift, die ich demnächst zu veröffentlichen beabsichtige, wird, so hoffe ich, dem wissenschaftlichen Europa Klarheit verschaffen über eine topographische Streitfrage, die allzulange unentschieden geblieben ist. Bevor jedoch diese Arbeit im Druck erscheint, möchte ich eine kleine Geschichte erzählen, die dem Problem der Lage von Munda in keiner Weise vorgreift.

Nachdem ich mir in Cordova einen Führer und zwei Pferde gemietet hatte, trat ich meine Forschungsreise an. Mein einziges Gepäck bestand in Cäsars *Commentarii* und einigen Hemden. Eines Tages streifte ich auf dem hochgelegenen Teil der Ebene von Cachena umher. Ich war totmüde, erschöpft von Durst und den Strahlen einer bleiernen Sonne. Schon wollte ich den großen Cäsar und beide Söhne des Pompejus zu allen Teufeln wünschen, da bemerkte ich, unweit des Weges, dem ich folgte, ein mit Schilf und Binsen bestandenes Stück Wiese. Das frische Grün schien auf die Nähe einer Quelle hinzudeuten. Beim Herankommen sah ich, daß die vermeintliche Wiese in Wirklichkeit ein Sumpfgelände war, in welches der Lauf eines Bächleins sich verlor. Dieser Wasserlauf schien seinen Ursprung in einer engen Schlucht zu haben, die von zwei hohen Vorbergen der Sierra de Cabra eingeschlossen wurde. Ich vermutete, daß man bachaufwärts frischeres Wasser (mit weniger Fröschen und Blutegeln) finden würde und vielleicht auch etwas Schatten inmitten der Felsen. Am Eingang der Schlucht begann mein Pferd zu wiehern, und alsbald ertönte von seiten eines anderen Pferdes, das ich nicht sah, die Antwort. Nach hundert Schritten erweiterte sich die Schlucht zu einer Art von natürlichem Zirkus, dem die ringsum jäh abfallenden Felswände den tiefsten Schatten gewährten. Keine angenehmere Rast hätte man sich wünschen können, als dieses entzückende Fleckchen Erde! Zu Füßen des kahlen, schroffen Gesteins sprudelte und schäumte die Quelle hervor, um alsbald ein kleines, sich über schneeweißem Sande wölbendes Becken zu bilden. Fünf oder sechs Steineichen, vom frischen Wasser getränkt und vor jedem Winde geschützt, umstanden das Bassin und verdunkelten es mit dem tiefen Grün ihres Laubes. Ringsumher aber bot zartleuchtendes Gras dem Wanderer ein Lager, so verlockend, wie wohl keine Herberge weit und breit es vermocht hätte.

Aber nicht mir gebührte der Ruhm, diesen reizenden Ort entdeckt zu haben. Im Grase erblickte ich einen Mann, der zu schlafen schien. Durch das Wiehern aufgeweckt, erhob er sich und trat auf sein Pferd zu, das inzwischen im Umkreis eine schmackhafte Mahlzeit gehalten haben mochte. Es war ein Mann jugendlichen Aussehens, von mittlerem, aber kräftigem Wuchs, mit finsterem, stolzem Blick. Sein Gesicht, das wohl einmal als schön hatte gelten können, war durch den Sonnenbrand dunkler geworden als die Farbe seiner Haare. In der einen Hand hielt er den Halfter des Pferdes, in der anderen eine altmodisch-schwere, kupferne Pistole. Diese Waffe und der wilde Blick dessen, der sie trug, machten mich zunächst ein wenig betroffen; aber ich glaubte eigentlich kaum noch an Räuber, diese vielberedeten romantischen Banditen, denen man

* Übersetzung in den *Sinngedichten* von Gotthold Ephraim Lessing: *Doppelter Nutzen einer Frau.*
Zweimal taugt eine Frau – für die mich Gott bewahre! –:
Einmal im Hochzeitsbett und einmal auf der Bahre.

in Wirklichkeit niemals begegnet. Auch hatte ich so viele ehrsame Pächtersleute, bis an die Zähne bewaffnet, zu Markte pilgern sehen, daß der bloße Anblick einer Feuerwaffe mir als kein genügender Grund erschien, um die «Moral» des Unbekannten anzuzweifeln. Und endlich sagte ich mir: was könnte diesem Spanier viel gelegen sein an meinen paar Hemden und an Cäsars, wenn auch noch so schön gedrucktem Buch über den Gallischen Krieg?

Somit begrüßte ich den Pistolenmann mit einem vertraulichen Kopfnicken und erkundigte mich höflich-lächelnd, ob ich ihn im Schlafe gestört hätte. Anstatt eine Antwort zu geben, musterte er mich nur vom Kopf bis zu den Füßen. Darauf (ich schien die Prüfung bestanden zu haben) betrachtete er, mit gleicher Aufmerksamkeit, meinen Führer, der eben herantreten wollte. Dann aber sah ich, wie dieser erbleichte und erschrocken stehenblieb. Irgendein fataler Zufall! dachte ich. Aber die Vorsicht gebot, keinerlei Unruhe merken zu lassen. Ich sprang vom Pferde, bat den Führer, abzuzäumen, und, am Rande des Quells niederkniend, tauchte ich Gesicht und Hände tief in das erquickende Naß. Sodann, platt hingestreckt, trank ich, wie die Krieger Gideons, ein paar gehörige Schlucke.

Bei alledem versäumte ich nicht, meinen Führer und den unbekannten Mann zu beobachten. Der erstere kam nur widerwillig näher; der andere schien keine bösen Absichten gegen uns zu hegen; denn er hatte sein Pferd losgelassen, und die Pistole, die er bisher waagerecht gehalten hatte, war jetzt zur Erde gerichtet.

Ich fand es geraten, über die wenig schmeichelhafte Gleichgültigkeit, die man meiner Person bekundete, keinerlei Ärger zu offenbaren. Statt dessen streckte ich mich ins Gras und fragte mit lässiger Miene den Pistolenmann, ob er vielleicht ein Feuerzeug habe. Dabei zog ich mein Zigarrenfutteral hervor. Der Unbekannte – immer noch schweigend – suchte in seiner Tasche, brachte ein Feuerzeug zum Vorschein und beeiferte sich, mir Feuer zu geben. Zusehends umgänglicher werdend, setzte er sich mir gegenüber, ohne jedoch seine Waffe aus der Hand zu legen. Als meine Zigarre in Brand war, suchte ich von den übrigen die beste aus und fragte ihn, ob er rauche.

«Ja, Señor», antwortete er.

Das waren die ersten Worte, die ich von ihm zu hören bekam. Den Buchstaben S sprach er nicht auf die andalusische Weise aus, woraus ich schloß, daß er, genau wie ich, in dieser Gegend fremd sei, wenn auch vermutlich weniger archäologisch interessiert als ich.

«Diese hier wird Ihnen vielleicht zusagen», bemerkte ich, ihm eine echte Havanna-Regalia anbietend.

Er nickte leicht mit dem Kopfe, zündete die Zigarre an der meinen an, dankte durch eine erneute Kopfbewegung und begann – offenbar mit größtem Behagen – zu rauchen.

«Oh», rief er, den ersten Zug langsam durch Mund und Nase entweichen lassend, «es ist lange her, daß ich geraucht habe!»

In Spanien bedeutet das Anbieten und Annehmen einer Zigarre den ersten Schritt zu gastfreundlichen Beziehungen, wie im Orient das Teilen von Brot und Salz. Mein Fremdling zeigte sich gesprächiger, als ich zu hoffen gewagt hatte. Obgleich er sich als einen Bewohner des Bezirkes von Montilla bezeichnete, schien er dort nur wenig Bescheid zu wissen. Er kannte weder den Namen des lieblichen Tales, in dem wir uns befanden, noch vermochte er irgendein Dorf der Umgebung zu benennen. Und als ich ihn fragte, ob er in der Nähe nicht vielleicht irgendwelches zertrümmerte Mauerwerk, Bruchstücke von alten Ziegeln oder steinerne Skulpturen gesehen habe, gestand er mir, daß ihm solche Dinge immer gleichgültig gewesen seien.

Dagegen erwies er sich als Kenner von allem, was Pferde betraf. Er kritisierte das meine (was nicht schwer war). Darauf gab er mir die Abstammung des seinigen an, das aus dem berühmten Gestüt von Cordova hervorgegangen war. Es war in der Tat ein edles Tier, und so ausdauernd, daß es, wie sein Herr behauptete, einmal an einem einzigen Tage dreißig Meilen, teils im Galopp, teils in starkem Trab zurückgelegt habe. Doch mitten in seinem Bericht hielt der Erzähler inne, wie erschrocken und ärgerlich über die eigene Offenherzigkeit.

«Ich mußte damals in aller Hast nach Cordova», erklärte er mit einer gewissen Verlegenheit; «es kam mir darauf an, in Sachen eines Prozesses die Richter günstig zu stimmen ...»

Bei diesen Worten blickte er auf meinen Führer Antonio, der die Augen niederschlug.

Der Schatten und die Quelle entzückten mich dermaßen, daß mir der ausgezeichnete Schinken in den Sinn kam, von dem meine Freunde in Montilla uns einige Schnitten in den Reisesack gesteckt hatten. Ich bat den Führer, ihn zu holen, und lud den Fremden ein, an der improvisierten Mahlzeit teilzunehmen. Wenn er seit langem nicht geraucht hatte: gegessen konnte er schon seit mehreren Tagen auch nicht haben! Er schlang die Bissen in sich hinein wie ein ausgehungerter Wolf. Ich verfiel auf den Gedanken, unser Zusammentreffen bedeute für diesen armen Teufel vielleicht eine Art Fügung des Schicksals. Mein Führer aß wenig, trank noch weniger und sprach kein Wort, obgleich er sich im bisherigen Verlauf unserer Exkursion als unerschöpflicher Schwätzer erwiesen hatte. Das Zusammensein mit dem anderen schien ihn zu genieren; ein – für mich nicht verständliches – Mißtrauen hielt die beiden voneinander fern.

Brot und Schinken waren verzehrt; auch hatte jeder von uns eine zweite Zigarre geraucht. Ich gab dem Führer Weisung, unsere Pferde bereitzumachen, und wollte mich eben von dem neuen Freunde verabschieden, als dieser die Frage an mich richtete, wo ich die Nacht zu verbringen gedächte.

Bevor ich noch Zeit gefunden hatte, auf ein warnendes Zeichen meines Führers achtzugeben, antwortete ich bereits, daß ich in der Venta del Cuervo – der «Schenke zum Raben» – zu übernachten vorhätte.

«Kein hervorragendes Obdach für eine Person Ihres Standes, Señor! ... Ich will gerade auch dorthin, und wenn Sie mir erlauben, Sie zu begleiten, könnten wir den Weg gemeinsam machen.»

«Sehr gern», antwortete ich und stieg auf mein Pferd.

Mein Führer, mir den Steigbügel haltend, zwinkerte mir abermals zu. Ich erwiderte ihm nur mit einem, meine völlige Sorglosigkeit bekundenden Achselzucken, und so brachen wir auf.

Antonios verstohlene Warnungen, seine Unruhe, dazu einige dem Unbekannten entschlüpfte Äußerungen – zumal sein Bericht über den Dreißigmeilenritt und die nicht besonders glaubwürdige Begründung dieser Parforcetour – hatten genügt, um mir ein Urteil über unseren Reisegefährten zu bilden. Ich zweifelte nicht, es mit einem Schmuggler, vielleicht gar mit einem Räuber zu tun zu haben. Aber was lag mir daran? Ich kannte den spanischen Charakter hinlänglich, um überzeugt zu sein, daß ich von einem Manne, der mit mir gegessen und geraucht hatte, nichts zu befürchten haben würde. Ja, seine Anwesenheit erschien mir geradezu als ein Schutz gegen unliebsame Begegnungen. Und wie interessant war es doch, einmal einen richtigen Räuber kennenzulernen! Derlei passiert einem nicht alle Tage, und die Nähe eines so gefährlichen Wesens – zumal wenn es sich, wie in diesem Falle, sanft und gesellig zeigt – hat unbedingt etwas Bestrickendes.

Ich hoffte, den Unbekannten allmählich zu vertraulicheren Mitteilungen zu bewegen, und lenkte – trotz aller abmahnenden Winke des Führers – die Unterhaltung auf das Thema der Straßenräuber. Natürlich sprach ich von diesen Männern mit großem Respekt. Es gab damals in Andalusien einen berühmten Räuber namens José-Maria, dessen Taten in aller Munde waren.

Sollte es denkbar sein, daß der Mann, neben dem ich hier einherreite, eben dieser José-Maria ist? fragte ich mich ... Ich erzählte alles, was ich von diesem Helden wußte, lauter Geschichten, die für ihn höchst rühmlich waren, und mit Entschiedenheit äußerte ich meine Bewunderung seiner Tapferkeit und seines Edelmutes.

«José-Maria ist nur ein Spitzbube», sagte der Fremde kalt.

Ich fragte mich, was in diesen Worten zu suchen sei: Selbstkritik oder ein Übermaß an Bescheidenheit? Denn je länger ich Zeit hatte, meinen Begleiter zu betrachten, desto mehr schien mir das Signalement von José-Maria, das an den Toren aller andalusischen Städte angeschlagen war, auf ihn zu passen ... Ja, dachte ich, er ist es ganz gewiß! ... Dunkelblonde Haare, blaue Augen, großer Mund, schöne Zähne, kleine Hände; ein feines Hemd, Samtjacke mit silbernen Knöpfen, helle Ledergamaschen; und ein rotbraunes Pferd ... Kein Zweifel, er mußte es sein! ... Aber natürlich war ich sorgsam bestrebt, sein Inkognito zu respektieren.

Wir langten bei der Schenke an. Sie entsprach durchaus der Vorstellung, die ich mir davon gebildet hatte: es war eine Spelunke elendester Art. Ein einziger großer Raum diente zum Kochen, zum Essen und zum Schlafen. Inmitten desselben brannte, auf einer Steinplatte, das Feuer, dessen Rauch durch eine Öffnung in der Decke hätte abziehen sollen, in Wirklichkeit aber als beizende Wolke in geringer Höhe über dem Boden schweben blieb. Längs der Wand lagen fünf oder sechs alte Maultierdecken hingebreitet: die Betten der hier übernachtenden Gäste. Etwa zwanzig Meter von dieser Behausung entfernt, befand sich eine Art Schuppen oder Stall. Nur zwei Personen waren in der Schenke anwesend: eine alte Frau und ein Mädchen von zehn bis zwölf Jahren, beide rußgeschwärzt und schrecklich zerlumpt.

Das also sind – dachte ich bei mir – die letzten Nachkommen der Bevölkerung des einstigen Munda baetica! Oh, Cäsar! Oh, Pompejus! Was würdet ihr sagen zu solcher Entartung?!

Die Alte, meinen Begleiter gewahrend, stieß einen Schrei der Überraschung aus.

«Ah, Don José!» rief sie.

Don José runzelte die Stirn, und eine gebieterische Handbewegung ließ die Alte verstummen. Ich wandte mich zu meinem Führer und gab ihm durch eine unmerkliche Bewegung zu verstehen, daß er mich über die Identität des Mannes, mit dem ich die Nacht zu verbringen gedachte, nicht weiter zu belehren brauche.

Das Nachtessen war besser, als man erwarten konnte. Auf einem kleinen, kaum einen Fuß hohen Tisch wurden aufgetragen: zunächst ein Frikassee von altem Hahn mit Reis und viel Pfefferschoten; dann Pfefferschoten in Öl; und zum Schluß eine Art Pfefferschotensalat. Diese gepfefferte Speisenfolge ließ uns dem Montillawein, der sich als ganz vortrefflich erwies, mit besonderem Eifer zusprechen. Nach dem Essen gewahrte ich an der Wand eine Mandoline (an allen spanischen Gasthauswänden hängen solche) und fragte die Kleine, ob sie spielen könne.

«Nein», antwortete sie. «Aber Don José – der kann es wunderschön!»

«Wollen Sie vielleicht die Liebenswürdigkeit haben», wandte ich mich an diesen, «mir etwas vorzusingen? Ich höre eure Volkslieder leidenschaftlich gern!»

«Einem so hochachtbaren Herrn, der mir so vorzügliche Zigarren anbietet, kann ich nichts abschlagen!» antwortete Don José mit höflichem Lächeln.

Er ließ sich die Mandoline geben und, sich selbst begleitend, begann er zu singen. Seine Stimme klang rauh, doch angenehm; die Melodie war von seltsamer Schwermut; vom Text verstand ich kein einziges Wort.

«Wenn ich mich nicht irre», sagte ich, «so ist das kein spanisches Lied; es erinnert mich an Melodien, die ich in den Provinzen* gehört habe; und die Worte scheinen mir baskisch zu sein.»

«Ja», bestätigte Don José mit finsterer Miene.

Er legte die Mandoline beiseite, verschränkte die Arme und starrte trübe in das verglimmende Feuer. Im matten Schein der Lampe gemahnte sein edles und wildes Gesicht an den Satan aus Miltons «Verlorenem Paradies». Und, wie dieser verbannte Engel, dachte auch er vielleicht an eine Seligkeit, auf die er, um einer Sünde willen, hatte verzichten müssen. Ich versuchte, das Gespräch wieder anzufachen, aber es gelang mir nicht. Die Alte war inzwischen in ihrem, durch eine quergehängte Decke abgetrennten Winkel zur Ruhe gegangen, und das kleine Mädchen war ihr gefolgt. Mein Führer, sich erhebend, bat mich, ihn in den Stall zu begleiten. Aber Don José, jäh aus seinen Träumereien auffahrend, fragte ihn barschen Tones, wohin er wolle.

«In den Stall», antwortete der Führer.

«Zu welchem Zweck? . . . Die Pferde haben genug zu fressen! Leg dich hier nieder! Der Herr wird nichts dagegen haben!»

«Ich fürchte, das Pferd des Señor ist krank! Es wäre mir eine große Beruhigung, wenn er nach ihm sehen und bestimmen wollte, was dabei zu tun ist!»

Offensichtlich wünschte Antonio mit mir allein zu sprechen. Ich aber wollte Don José nicht den geringsten Anlaß zum Argwohn bieten; sondern, wie die Dinge nun einmal gediehen waren, erschien es mir ratsam, ihm ein unbegrenztes Vertrauen zu bekunden. Somit erwiderte ich dem Führer, ich verstände nichts von Pferden und sei auch viel zu müde, um noch irgend etwas zu bewerkstelligen. Don José aber folgte ihm in den Stall, aus dem er, ohne den anderen, sehr bald zurückkam. Er sagte mir, dem Pferde fehle nichts; aber mein Führer scheine es für ein so wertvolles Tier zu halten, daß er es durch Abreiben mit seiner Jacke in Schweiß zu bringen suche – eine Beschäftigung, der er sich die ganze Nacht hingeben zu wollen scheine. Ich hatte mich inzwischen auf einer Maultierdecke ausgestreckt, sorglich in meinen Mantel gehüllt, um möglichst wenig mit ersterer in Berührung zu kommen. Don José, nachdem er mich um die Erlaubnis gebeten, mit mir im gleichen Raume schlafen zu dürfen, wählte seinen Platz in unmittelbarer Nähe der Tür, nicht ohne vorher das Zündhütchen seiner Pistole erneuert zu haben, die er dann unter den Mantelsack schob, der ihm als Kopfkissen diente.

Wir wünschten einander gute Nacht, und fünf Minuten später lagen wir beide in tiefem Schlaf.

Ich hatte geglaubt, erschöpft genug zu sein, um selbst in dieser Spelunke Ruhe zu finden; aber nach Verlauf von etwa einer Stunde entriß ein sehr unangenehmes Jucken mich dem ersten Schlummer. Sobald ich mich von der Ursache der Störung überzeugt hatte, stand ich auf, um den Rest der Nacht unter freiem Himmel zu verbringen. Auf den Fußspitzen gehend, behutsam über Don Josés Lager hinwegstelzend, gelang es mir, den Raum unbemerkt zu verlassen. Draußen neben der Tür stand eine breite, hölzerne Bank; auf diese legte ich mich, nur darauf bedacht, es mir bis zum Morgengrauen dort so bequem wie möglich zu machen. Eben wollte ich die Augen wieder schließen, da glaubte ich, in unbestimmten Konturen, zu bemerken, wie die Schattenbilder eines Mannes und eines Pferdes lautlos an mir vorüberzogen. Ich erhob mich, erkannte

* Die «privilegierten Provinzen», die sich einer besonderen Gerichtsbarkeit erfreuten: Alava, Viscaya, Guipuzcoa und ein Teil von Navarra. Dort war das Baskische die Landessprache.

Antonio und ging auf ihn zu. Er hatte mich inzwischen auch schon erblickt.

«Wo ist er?» fragte er leise.

«In der Venta. Er schläft. Die Wanzen scheinen ihn nicht zu stören. – Warum hast du das Pferd aus dem Stalle geführt?»

Erst jetzt bemerkte ich, daß er dem Tiere, damit es beim Gehen kein Geräusch mache, die Hufe mit Lappen umwickelt hatte.

«Um Himmels willen, sprechen Sie leiser!» sagte Antonio. «Sie wissen also nicht, wer dieser Mann ist?! Es ist José Navarro, der größte Räuber von Andalusien! Während des ganzen Tages habe ich Ihnen Zeichen gemacht, aber Sie haben nie darauf achten wollen!»

«Räuber oder nicht – was geht's mich an?» erwiderte ich. «Uns hat er nicht beraubt, und ich möchte wetten, daß er nicht die geringste Neigung dazu verspürt.»

«Das mag sein. Aber es sind zweihundert Dukaten auf seinen Kopf gesetzt! Ich kenne, anderthalb Meilen von hier, einen Militärposten; und bevor es Tag wird, bin ich mit ein paar handfesten Lanzenreitern wieder hier! Ich hätte lieber sein eigenes Pferd genommen, aber es ist bösartig und läßt niemanden an sich heran als Navarro selbst.»

«Der Teufel soll dich holen!» rief ich. «Was hat der arme Bursche dir getan, daß du ihn anzeigen willst? ... Bist du übrigens deiner Sache ganz sicher?»

«Vollkommen! ... Er ist mir vorhin in den Stall gefolgt und hat zu mir gesagt: ‹Du scheinst mich zu kennen; aber wenn du deinem guten Herrn sagst, wer ich bin, so jage ich dir eine Kugel in den Kopf!› ... Bleiben Sie hier, Señor, bleiben Sie hier bei ihm! Sie haben nichts zu fürchten! Und solange Sie da sind, wird er keinen Verdacht schöpfen.»

Im Sprechen hatten wir uns so weit von der Schenke entfernt, daß man dort das Geräusch der Hufe nicht mehr hätte vernehmen können. Im Nu riß Antonio die Lappen von den Füßen des Tieres und schickte sich an, aufzusitzen. Ich suchte ihn durch Bitten und Drohungen zurückzuhalten.

«Ich bin ein armer Teufel, Sẽnor», erwiderte er. «Zweihundert Dukaten sind für mich keine Kleinigkeit, zumal wenn das Land mittels dieser Summe von einem solchen Schuft befreit werden kann! ... Aber seien Sie vorsichtig! Wenn der Navarro erwacht, wird er sofort zu seinem Pistol greifen – und dann aufgepaßt! ... Ich selbst kann jetzt nicht mehr zurück... Handeln Sie, wie es Ihnen gut scheint! ...»

Der Kerl saß schon im Sattel, gab dem Rosse die Sporen und war schnell in der Dunkelheit verschwunden.

Das Verhalten dieses Menschen empörte und beunruhigte mich. Nach einigen Augenblicken des Überlegens ging ich in die Venta zurück. Don José, wohl übermüdet von den Abenteuern und Anstrengungen mehrerer Tage, lag noch in festem Schlaf. Nur durch starkes Rütteln gelang es mir, ihn zu wecken. Nie werde ich seinen wilden Blick vergessen und den jähen Ruck nach der Pistole – die ich, zur Vorsicht, ein wenig aus seiner Reichweite entfernt hatte.

«Verzeihen Sie, Señor», sagte ich zu ihm, «wenn ich Sie wecke! Aber ich muß eine sehr törichte Frage an Sie richten: wäre es Ihnen erwünscht, wenn binnen kurzem ein halbes Dutzend Lanzenreiter hier angerückt käme?»

Er sprang auf die Füße und rief mit schrecklicher Stimme:

«Wer hat es Ihnen gesagt?»

«Auf die Warnung kommt es an, nicht auf die Person dessen, der sie ausgesprochen hat!»

«Nur Ihr Führer kann mich verraten haben! Aber der Kerl soll es mir büßen! ... Wo ist er?»

«Ich weiß nicht... Vermutlich im Stalle... Aber jemand anders hat mir gesagt...»

«Wer hat Ihnen etwas gesagt?! ... Die Alte kann es nicht gewesen sein! ...»

«Jemand, den ich nicht kenne... Aber ohne weiter viel zu reden: habt Ihr Grund, ein Zusammentreffen mit Soldaten zu vermeiden – ja oder nein? ... Wenn ja, so ist für Euch keine Minute mehr zu verlieren! ... Wenn aber nein, dann wünsche ich eine geruhsame Nacht und bitte um Entschuldigung, daß ich Euch im Schlafe gestört habe! ...»

«Es kann niemand anders gewesen sein als Ihr Führer! Oh, ich habe ihm von Anfang an mißtraut! ... Nun, ich werde mit dem Lumpen abzurechnen wissen... Leben Sie wohl, Señor! Gott vergelte Ihnen den Dienst, den Sie mir erwiesen haben! ... Ich bin nicht völlig so schlecht, wie Sie vielleicht glauben... Es leben noch Regungen in mir, denen kein Ehrenmann sein Mitgefühl versagen dürfte... Adieu, Señor! Leid tut mir nur, daß ich nicht imstande bin, Ihnen Ihre Güte zu vergelten!»

«Don José, zum Entgelt müssen Sie mir versprechen, gegen niemand Argwohn zu haben und an keinerlei Rache zu denken! ... Und hier sind noch ein paar Zigarren auf den Weg! Glückliche Reise!»

Ich reichte ihm die Hand.

Wortlos ergriff er sie. Dann nahm er Pistole und Mantelsack, rief der Alten ein paar – mir unverständlich bleibende – Worte zu und eilte in den

Stall. Einige Sekunden später hörte ich ihn querfeldein davongaloppieren.

Ich legte mich wieder auf meine Bank, konnte aber keinen Schlaf mehr finden. Ich fragte mich, ob ich recht daran getan hätte, einen Räuber – oder gar einen Mörder? – vorm Galgen zu retten, nur weil wir zusammen geraucht und uns an einem Valencia-Reis delektiert hatten ... Und war ich nicht unfreiwillig zum Verräter meines gesetzestreuen Führers geworden? Hatte ich ihn nicht der Rache eines Verbrechers preisgegeben? ... Die Pflichten der «Gastfreundschaft» sollten meine Handlungsweise rechtfertigen?! ... Veraltete Räuberromantik! sagte ich mir; ich würde vielmehr verantwortlich sein für alles, was mein Räuber noch weiterhin anrichten würde! ... Dann wieder, allen solchen Überlegungen kraß widersprechend, erhob sich erneut die Stimme des Gewissens in mir. Konnte man eine innerste Herzenswallung mit dem Spottwort: ‹altmodische Sentimentalität› abtun?

Den quälenden Zweifeln setzte ein halbes Dutzend Reiter ein Ziel, das militärische Detachement, das jetzt mit dem – sich klüglich im Hintergrunde haltenden – Antonio angesprengt kam. Ich ging den Soldaten entgegen und erzählte ihnen, daß der Bandit schon vor länger als zwei Stunden die Flucht ergriffen habe. Die Alte, von dem Brigadier verhört, erklärte, sie kenne den Navarro sehr wohl, würde aber, da sie ganz allein lebe, ihr eigenes Todesurteil unterzeichnet haben, wenn sie je gewagt hätte, ihn anzuzeigen. Sie fügte hinzu, daß er, wenn er einmal bei ihr einkehre, immer schon gegen Mitternacht wieder davonreite.

Was mich betrifft, so mußte ich die Soldaten bis in ein etliche Meilen entferntes Städtchen begleiten, dem dortigen Alkalden meine Papiere vorweisen und eine Erklärung unterzeichnen, auf Grund welcher man mir dann erlaubte, meine archäologischen Studien fortzusetzen.

Antonio vermochte seinen Groll gegen mich nicht zu verheimlichen. Für ihn war ich nur noch derjenige, der ihn um seine zweihundert Dukaten gebracht hatte. Trotzdem schieden wir in Cordova ohne Feindseligkeit; und die Vergütung, die ich ihm gab, war so hoch bemessen, wie es der Stand meiner Finanzen nur irgend erlaubte.

2

Ich blieb einige Tage in Cordova. Man hatte mich auf eine in der Dominikanerbibliothek befindliche Handschrift hingewiesen, in welcher aufschlußreiche Angaben über das antike Munda zu finden sein sollten. Von den frommen Vätern in gütigster Weise aufgenommen, verbrachte ich die Tage in ihrem Kloster; und abends schlenderte ich durch die Stadt.

Am Quai des Guadalquivir zu Cordova pflegen sich, wenn die Dämmerung hereinbricht, allerlei Müßiggänger einzufinden. Zwar muß der Flaneur die Dünste einer Gerberei in Kauf nehmen, die den uralten Ruf der Stadt als eines Zentrums der Lederbereitung aufrecht zu erhalten sucht. Jedoch wird dieser Nachteil aufgewogen durch ein stadtbekanntes Schauspiel, das keineswegs ohne Reize ist. Ein paar Minuten vor dem Abendläuten pflegt sich eine große Anzahl von Frauen am Ufer des Flusses zu versammeln, tief unterhalb der – ziemlich hohen – Quaimauern. Kein Mann würde es jemals wagen, sich in diese Schar einzudrängen. Sobald das Angelus ertönt, gilt die Nacht als angebrochen. Mit dem letzten Glockenschlag legen alle Frauen ihre Kleider ab und steigen ins Wasser. Und sogleich beginnt, aus hundert Kehlen, ein Schreien und Lachen ohnegleichen, ein wahrhaft höllisches Gelärm! Von der Höhe ihres Quais schauen die Männer zu den badenden Frauen hinab, reißen die Augen auf und sehen nicht viel. Immerhin mögen poetische Naturen sich angeregt fühlen durch dies Gewirr ungewiß schimmernder Formen, die sich vom tiefen Blau des Flusses abheben, und wer über eine klassische Einbildungskraft verfügt, darf – ohne das Schicksal eines Aktäon* befürchten zu müssen – der Phantasie frönen, er belausche Diana im Bade mitsamt ihrer ganzen Nymphenschar.

Es ist mir erzählt worden, eines Tages hätten ein paar Taugenichtse ein Sümmchen zusammengebracht und mittels dieses Bestechungsfonds den Glöckner der Kathedrale «geschmiert», damit er das Angelusläuten zwanzig Minuten vor der reglementarischen Zeit ins Werk setze. Was denn auch redlich geschah. Und obgleich es noch heller Tag war, zeigten die Guadalquivir-Nymphen sich ohne weiteres bereit, den Angelusklängen mehr zu trauen als dem Sonnenstande: in aller Ruhe nahmen sie ihre Badetoilette vor, was übrigens immer eine höchst einfache Sache war. An jenem denkwürdigen Abend befand ich mich nicht in Cordova. Zu meiner Zeit war der Glöckner der prachtvollen alten Kathedrale völlig unbestechlich und die Dämmerung so wenig transparent, daß ein wahres Luchsauge dazu

* Aktäon: in der griechischen Mythologie ein jagdliebender thebanischer Prinz, der die Artemis (Diana) im Bade überraschte und von der erzürnten Göttin in einen Hirsch verwandelt wurde, den die eigenen Hunde auf der Stelle zerrissen.

gehört hätte, das verhutzeltste Orangenweib von der reizendsten corduanischen Putzmacherin zu unterscheiden.

Eines Abends, um die Stunde, wo alles längst in Dunkelheit versunken war, stand ich rauchend an die Quaibrüstung gelehnt, als eine weibliche Person die Flußtreppe heraufkam und sich unweit von mir niedersetzte. In den Haaren trug sie eine Fülle von Jasminblüten – deren Duft nach Untergang der Sonne so betäubend ist.

Sie war einfach, vielleicht ärmlich gekleidet, ganz schwarz, wie die meisten Grisetten am Abend. (Die Frauen von Welt tragen nur vormittags Schwarz; abends kleiden sie sich a la francesa.)

Während die Schaumentstiegene sich niedersetzte, ließ sie das Schleiertuch, das ihren Kopf bedeckt hatte, auf die Schultern gleiten, und «beim dunklen Licht, das von den Sternen fällt», sah ich, daß sie ziemlich klein, aber jung und wohlgestaltet war und sehr große Augen hatte. Sogleich schleuderte ich meine Zigarre weit von mir weg. Sie verstand diese Geste einer ganz «französischen» Höflichkeit und beeilte sich, mir zu erklären, sie habe gegen den Geruch des Tabaks nicht das geringste einzuwenden, ja, sie rauche gelegentlich selber, falls sie recht milde papelitos zur Hand habe. Glücklicherweise befanden sich gerade einige solche in meiner Tasche, und ich bot sie ihr an. Sie hatte die Gewogenheit, sich zu bedienen, und setzte, mit Hilfe einer Zündschnur, die ein Knabe uns für einen centimo reichte, den Tabak in Brand. Unsere Rauchwolken vermengend, plauderten wir – die schöne Nymphe und ich – so lange, bis wir beinahe ganz allein waren auf dem still gewordenen Quai. Ich hoffte, daß sie es mir nicht als Aufdringlichkeit anrechnen werde, wenn ich sie zu einer Portion Eis in einer neveria* einlud. Nach einer Sekunde angemessenen Zauderns nahm sie die Aufforderung an, wünschte aber vorher noch zu erfahren, wie spät es inzwischen geworden sei. Ich ließ meine Repetieruhr schlagen, und dies Läutwerk schien sie in Erstaunen zu setzen.

«Was für wunderbare Erfindungen es doch bei Ihnen im Auslande gibt! Aus welchem Lande mögen Sie wohl sein, Señor? Ich denke mir: aus England!»

«Ich bin Franzose – und Ihr ganz ergebener Diener! – Sie selbst aber, Señorita oder Señora, Sie sind gewiß aus Cordova gebürtig?»

«Nein.»

«Dann aber wenigstens aus Andalusien – was ich aus dem Wohlklang Ihrer Stimme schließen zu dürfen bitte.»

«Wenn Sie sich so gut auf Akzente verstehen, müßten Sie auch gleich erkennen, was ich bin.»

«Gerade deswegen glaube ich, daß Sie aus diesem ‹zauberhaften Nachbarlande des Paradieses› stammen!»

(Diese lyrische Umschreibung für «Andalusien» hatte ich von meinem Freunde Francisco Sevilla gelernt, dem rühmlichst bekannten Picador.)

«Bah, das Paradies! – Die Leute hierzulande sagen, dieser Ort sei nicht für Angehörige meines Stammes geschaffen.»

«Sollten Sie dann vielleicht Maurin sein, oder ...?»

(Ich hielt inne, da ich nicht zu sagen wagte: «Jüdin».)

«So sagen Sie es doch nur! Sie sehen ja, daß ich eine Zigeunerin bin! ... Soll ich Ihnen die Zukunft voraussagen? ... Haben Sie niemals von der Carmencita sprechen hören? ... Die bin ich.»

Ich war damals (vor fünfzehn Jahren) so wenig fromm, daß ich vor der Nähe einer Hexe nicht den geringsten Schauder empfand. «Gut!» sagte ich zu mir, «vorige Woche habe ich mit einem Straßenräuber soupiert: warum sollte ich heute nicht Pistazien-Eis essen mit einer Tochter der Hölle? Auf Reisen darf man sich nichts Anregendes entgehen lassen!»

Es gab noch einen anderen Grund, der mir diese Bekanntschaft verlockend erscheinen ließ. Als Student hatte ich – ich gestehe es zu meiner Schande – einige Zeit damit vergeudet, mich in die Geheimwissenschaften einweihen zu lassen; und mehrmals hatte ich sogar den Versuch gemacht, den Dämon der Finsternis aus dem Inferno heraufzubeschwören. Obwohl von solchen Passionen längst geheilt, bewahrte ich dennoch einen gewissen lüsternen Geschmack an abergläubischen Vorstellungen jeglicher Art, und es erschien mir reizvoll, zu erfahren, wie weit die Kunst der Magie bei den Zigeunern wohl gediehen sein möge.

Immer weiter plaudernd, hatten wir die neveria erreicht. Wir setzten uns an ein Tischchen, das von einer Stearinkerze in einer Glaskugel erhellt wurde. Jetzt hatte ich Muße, meine gitana zu betrachten, während, einige Tische weiter, ein paar Eis essende Bürgersleute ob meiner erlesenen Gesellschaft schier aus den Wolken fielen.

Ich zweifle sehr daran, daß Señorita Carmen von ganz reiner Rasse war; jedenfalls war sie unendlich viel hübscher als alle Zigeunerinnen, denen ich bisher begegnet war. Damit eine Frau schön sei, sagen die Spanier, muß sie dreißig Qualitäten in sich ver-

---

* neveria: Café mit einem Eiskeller, oder vielmehr einem Vorrat an Schnee. Es gibt fast kein Dorf, das nicht seine neveria hätte.

einigen oder, präziser ausgedrückt, durch zehn Adjektiva definierbar sein, deren jedes sich auf drei Teile ihres Körpers anwenden läßt. So muß sie, zum Beispiel, dreierlei schwarz haben: Augen, Wimpern, Brauen; dreierlei fein: Finger, Lippen, Haare; und so weiter. Man vergleiche darüber das berühmte Werk des Abbé Brantôme: *Vie des Dames galantes.*

Auf so viel Vollkommenheit konnte meine Zigeunerin keinen Anspruch erheben. Ihre Haut – übrigens von vollkommener Glätte – näherte sich der Farbe des Kupfers. Die Augen standen etwas schief, waren aber herrlich geschnitten. Die Lippen waren etwas zu voll, aber schön gezeichnet und ließen Zähne sehen, weißer als Mandeln, die soeben geschält sind. Ihre Haare, vielleicht ein wenig grob, erglühten in tiefem Schwarz, durchschimmert von den blauen Reflexen des Rabengefieders. Um den Leser nicht durch allzugenaue Detailschilderung zu ermüden, sei zusammenfassend gesagt, daß jedem ihrer Mängel ein Vorzug gegenüberstand, der durch den Kontrast vielleicht um so stärker wirkte. Sie war eine seltsam wilde Schönheit, und ihr Gesicht, das zuerst etwas Befremdendes hatte, mußte jedem, der es einmal gesehen, unvergeßlich bleiben. Ihre Augen hatten einen sinnlichen und zugleich grausamen Ausdruck, wie ich ihn in keinem menschlichen Antlitz je wiedergefunden habe. «Zigeunerauge: Wolfsauge!» sagt ein von guter Beobachtung zeugendes spanisches Sprichwort. Wer keine Gelegenheit hat, im Zoologischen Garten den Blick eines Wolfes zu studieren, möge seine Katze beobachten, wie sie einem Sperling auflauert.

Man wird mir zugeben, daß es lächerlich gewesen wäre, wenn ich mir in einem Café die Zukunft hätte prophezeien lassen wollen. Somit fragte ich die hübsche Zauberin, ob sie mir erlaube, sie in ihre Wohnung zu begleiten. Sie willigte unbedenklich ein, wünschte jedoch wiederum zu wissen, wie spät es sei, und bat mich abermals, meine Repetieruhr schlagen zu lassen.

«Ist sie wirklich von Gold?» fragte sie mit gespannter Aufmerksamkeit.

Als wir aufbrachen, war es draußen stockfinstere Nacht geworden. In den meisten Häusern brannte kein Licht mehr, und die Straßen lagen öde und verlassen da. Wir gingen über die Guadalquivirbrücke und gelangten, in der äußersten Vorstadt, an ein recht armseliges Haus. Ein Kind öffnete uns. Die Zigeunerin sagte ihm – wohl im Dialekt ihres Stammes – ein paar mir unverständliche Worte. Das Kind verschwand, uns in einer ziemlich großen Stube zurücklassend, deren Möblierung nur aus einem Tischchen, zwei Schemeln und einem Koffer bestand. Nicht vergessen darf ich jedoch einen Krug mit Wasser, einen Haufen Orangen und ein Bund Zwiebeln.

Sobald wir allein waren, nahm die Zigeunerin aus dem Koffer ein sehr abgenutztes Spiel Karten, einen Magnet, ein getrocknetes Chamäleon und ein paar andere, für ihre prophetische Praxis erforderliche Gegenstände. Darauf mußte ich mit einem Geldstück in meine linke Hand ein Kreuz machen, und die geheimnisvollen Prozeduren begannen. Es wäre wenig interessant, den Inhalt der mir zuteil werdenden Weissagung mitzuteilen; aber an der Sicherheit ihrer Kunstgriffe war leicht zu erkennen, daß sie keine Anfängerin im Handwerk war.

Leider wurden wir sehr bald dadurch gestört, daß von außen mit heftigem Ruck die Tür aufgerissen wurde. Ein Mann, bis an die Augen in einen braunen Mantel gehüllt, trat ins Zimmer, die Bewohnerin desselben nicht gerade liebenswürdig begrüßend. Er schien sehr übler Laune zu sein. Die Zigeunerin verriet bei seinem Anblick weder Überraschung noch Zorn. Sie ging ihm ein paar Schritte entgegen und redete mit verblüffender Zungenfertigkeit auf ihn ein. Dabei bediente sie sich desselben – mir unbekannten – Idioms, wie vorhin gegenüber dem Kinde. Bekannt war mir nur das eine (in dem Wortschwall mehrmals vorkommende) Wort ‹payllo›, mit dem die Zigeuner alle ihrer eigenen Rasse nicht angehörenden Menschen bezeichnen. In der Vermutung, daß es sich um mich selbst handle, machte ich mich auf eine heikle Auseinandersetzung gefaßt. Schon hatte ich die Hand auf den Fuß eines der beiden Schemel gelegt und suchte den Moment zu berechnen, wo es angezeigt sein würde, ihn dem Eindringling an den Kopf zu werfen. Dieser stieß das junge Weib brutal beiseite und trat auf mich zu. Plötzlich wich er einen Schritt zurück:

«Oh, Señor, das sind Sie!»

Ich sah ihn nun meinerseits genauer an und erkannte meinen Freund Don José. In diesem Augenblick tat es mir fast leid, daß ich ihn vor dem Galgen bewahrt hatte.

«Ah, Sie sind es, mein Bester!» rief ich und lachte so ungezwungen, wie es mir nur möglich war. «Sie haben die Señorita gerade in dem Moment unterbrochen, wo sie im Begriffe war, mir die interessantesten Dinge zu prophezeien!»

«Sie bleibt eben immer die gleiche, die Señorita! Aber das soll ein Ende nehmen!» zischte er zwischen den Zähnen, ihr einen wilden Blick zuwerfend.

Die Zigeunerin indessen fuhr fort, mit drängender Heftigkeit auf ihn einzureden. Sie wurde immer hitziger. In ihren Augen erglomm eine unheimliche

Flamme; ihre Züge verzerrten sich; wild stampfte sie mit dem Fuße auf. Sie schien ihren Freund mit aller Gewalt zu einer Handlung treiben zu wollen, der er innerlich widerstrebte. Den Akt, den sie getan zu sehen wünschte, erkannte man nur allzudeutlich daraus, daß sie mit ihrer kleinen Hand immer wieder unterhalb ihres Kinnes hin und her fuhr. Zweifellos handelte es sich um eine abzuschneidende Gurgel, und ich konnte mich des Glaubens nicht erwehren, daß diese Gurgel die meine sein sollte.

Dem Sturzbach der Beredsamkeit setzte, knappen Tones, Don José nur zwei oder drei Worte entgegen – Worte, die ihm einen Blick tiefster Verachtung eintrugen. Darauf kauerte das Mädchen sich in einen Winkel nieder, nahm eine Orange, schälte sie und begann sie naschhaft zu verzehren.

Don José ergriff meinen Arm, öffnete die Tür und führte mich auf die Straße hinaus. In tiefer Schweigsamkeit machten wir ungefähr zweihundert Schritte. Dann sagte er, die Hand ausstrekkend:

«Immer geradeaus, und Sie kommen an die Brücke.»

Er wandte mir den Rücken und entfernte sich rasch. Unmutig und beschämt kam ich in meinen Gasthof zurück. Und beim Auskleiden machte ich die unliebsame Entdeckung, daß meine Repetieruhr nicht mehr da war.

Verschiedene Gründe hielten mich davon ab, sie, folgenden Tages, an Ort und Stelle zurückzuverlangen oder sie durch die Polizei suchen zu lassen. Ich beendete meine Arbeit in der Dominikanerbibliothek und reiste, südwestlich, nach Sevilla. Monatelang durchstreifte ich Andalusien. Dann wollte ich nach Madrid zurück; der Weg führte wieder über Cordova.

Dort gedachte ich mich nur kurze Zeit aufzuhalten; denn dieses vielseitige Kulturzentrum und besonders die Wassergöttinnen des Guadalquivir hatten mir keine allzurosigen Erinnerungen hinterlassen. Immerhin wollte ich ein paar Freunde besuchen, noch einige Kommissionen erledigen; und somit würde mein erneuter Aufenthalt in der alten Hauptstadt der Maurenfürsten wohl mindestens drei bis vier Tage beanspruchen.

Mein Wiedererscheinen im Dominikanerkloster wurde von den frommen Vätern mit großer Freude begrüßt. Einer derselben (der meinen Nachforschungen über die Lage von Munda ein besonderes Interesse entgegengebracht hatte) umarmte mich herzlich und rief:

«Gott sei Lob und Dank! Seien Sie willkommen, liebster Freund! Wir alle hielten Sie für tot, und ich, der ich hier mit Ihnen rede, habe manches Paternoster und manches Ave-Maria für das Heil Ihrer Seele gebetet... Also ermordet sind Sie glücklicherweise nicht! Daß Sie beraubt worden sind, das wissen wir ja!»

«Wie das? fragte ich, etwas überrascht.

«Nun, die schöne Repetieruhr, die Sie in unserer Bibliothek manchmal schlagen ließen, wenn wir Ihnen sagten, es sei Zeit zum Chor – die ist wieder da! Man wird sie Ihnen amtlicherseits zurückgeben!»

«Hm, ich hatte sie verlegt...», unterbrach ich ihn verwirrt.

«Der Kerl sitzt hinter Schloß und Riegel! Und da man uns erzählt hatte, er sei durchaus imstande, um einer einzigen Peseta willen einen Christenmenschen umzubringen, so waren wir in Todesangst, daß er Sie ermordet haben könne. Ich begleite Sie nachher zum Corregidor, wo Sie Ihre Aussage zu Protokoll geben und Ihre schöne Uhr zurückbekommen werden... In Ihrer Heimat aber dürfen Sie dann nicht etwa behaupten, die Justiz verstehe ihr Metier nicht in spanischen Landen!»

«Ich gestehe», wandte ich ein, «daß ich lieber auf meine Uhr verzichten, als einem armen Teufel zum Galgen verhelfen möchte, zumal...»

«Oh, darüber brauchen Sie sich keine Sorgen zu machen! Er hat ohnehin genug auf dem Kerbholz, und zweimal hängen kann man ihn ja nicht! ... Übrigens wird er gar nicht gehängt werden, sondern – da er aus adeliger Familie stammt – garrottiert*, und zwar unweigerlich übermorgen! Sie sehen, daß ein Diebstahl mehr oder weniger an seinem Geschick nichts mehr ändern kann. Wollte Gott, daß er nur gestohlen hätte! Aber er hat auch mehrere Morde begangen – den einen immer entsetzlicher als den anderen!»

«Wie ist eigentlich sein Name?»

«Hierzulande kennt man ihn unter dem Namen José Navarro; aber er hat noch einen anderen, baskischen, den weder Sie noch ich jemals aussprechen könnten!... Übrigens müßte es für Sie eigentlich interessant sein, ein solches Wesen persönlich kennenzulernen! Da Sie die Sitten und Bräuche unseres Landes so eifrig studieren, sollten Sie nicht versäumen, auch vom Verlauf der letzten Stunden eines spanischen Verbrechers Notiz zu nehmen! Pater Martinez, dessen geistlicher Zuspruch ihn zum Tode bereitet, wird Sie hinführen.»

---

* garrottieren: mittels der Garrotte (Würg-Schraube) hinrichten, erdrosseln. – Im Jahre 1830 war diese Hinrichtungsart noch ein Vorrecht des Adels; späterhin wurde auch Nicht-Adeligen das «Recht» auf die Garrotte zuerkannt.

Mein Dominikaner bestand hartnäckig darauf, daß ich mir die Vorbereitungen zu der hochnotpeinlichen Prozedur mitansehen müsse. Nur widerwillig gab ich nach, wobei ich hoffte, daß der Gefangene ein Bündel Zigarren, das ich mitbringen wollte, als Entschuldigung meiner Zudringlichkeit gelten lassen werde.

Als ich zu Don José hineingeführt wurde, war er gerade bei seinem Mahl. Er begrüßte mich mit einem frostigen Nicken, dankte dann aber höflich für das Geschenk, das ich ihm brachte. Er zählte die in dem Pack zusammengebündelten Zigarren, behielt eine gewisse Anzahl für sich und gab mir die übrigen zurück mit der Bemerkung, mehr brauche er nicht.

Ich fragte, ob ich vielleicht durch etwas Geld oder durch den Kredit meiner Freunde eine Linderung seiner Lage herbeiführen könne. Er zuckte nur, traurig lächelnd, mit den Achseln. Dann aber besann er sich und bat mich, für das Heil seiner Seele eine Messe lesen zu lassen.

«Wären Sie wohl geneigt», fuhr er zögernd fort, «auch für eine Person, die schlecht an Ihnen gehandelt hat, eine Messe lesen zu lassen?»

«Gern, mein Freund!» antwortete ich. «Aber ich wüßte in dieser Gegend wirklich keine einzige Person, die schlecht an mir gehandelt hätte!»

Er ergriff meine Hand und drückte sie heftig. Dann, nach einem Augenblick des Schweigens, begann er wieder:

«Dürfte ich es wagen, Sie noch um einen weiteren Dienst zu bitten? ... Ihre Heimreise führt Sie vielleicht durch Pampelona? ... Oder wenigstens durch Vitoria, das nicht weit davon entfernt ist?»

«Ja», antwortete ich, «ich komme bestimmt durch Vitoria. Aber ich könnte leicht nach Pampelona abbiegen, und wenn ich Euch einen Gefallen damit tue, würde ich diesen Umweg gern machen.»

«Oh, in Pampelona finden Sie viel interessante Dinge zu sehen! ... Es ist eine schöne Stadt ... Ich möchte Ihnen dies Medaillon mitgeben.» (Er zeigte mir eine kleine silberne Münze, die er am Halse trug.) «Wickeln Sie das Medaillon in Papier ..» (er hielt einen Augenblick inne, um seiner Bewegung Herr zu werden) «.. und bringen Sie es – oder lassen es bringen – einer guten alten Frau, deren Wohnung ich Ihnen angeben werde! – Sagen Sie ihr, ich sei gestorben; aber sagen Sie nicht, auf welche Weise!»

Ich versprach, seine Wünsche zu erfüllen. Am nächsten Morgen besuchte ich ihn wieder und verbrachte einen Teil des Tages in seiner Zelle.

Bei dieser Gelegenheit erzählte er mir die traurige Geschichte seines Lebens.

3

Ich bin – so begann Don José seinen Bericht – in Elizondo geboren, im Tale von Baztan.

Ich heiße Don José Lizzarrabengoa, und dieser Name sagt Ihnen gleich, daß ich ein Baske bin aus altchristlichem Hause. Auf den Titel ‹Don› habe ich ein Anrecht; wenn wir zusammen in Elizondo wären, würde ich Ihnen meinen auf Pergament aufgezeichneten Stammbaum zeigen. Man gedachte mich zum Geistlichen zu machen und ließ mich studieren; aber ich hatte wenig Neigung dazu. Meine Leidenschaft galt viel mehr dem Ballspiel, und das wurde mein Verderben. Wenn wir das Rakett in der Hand haben, vergessen wir Navarresen Gott und die Welt! Eines Tages, als ich gewonnen hatte, suchte ein Bursche aus Alava Streit mit mir. Wir griffen zu unseren maquilas*. Ich blieb auch in diesem Kampfe Sieger, fand mich aber durch den Zwischenfall bewogen, die Gegend zu verlassen. Auf meinem Wege stieß ich auf einen Trupp Dragoner und nahm Engagement im Kavallerieregiment von Almanza. Wir Bergbewohner lernen das Soldatenmetier rasch. Ich wurde bald zum Brigadier befördert und hatte Aussicht, Quartiermeister zu werden; da erreichte mich, zu meinem Unheil, die Weisung, mich nach Sevilla zu begeben und im Wachtkommando der dortigen Tabakfabrik Dienste zu tun.

Wenn Sie in Sevilla gewesen sind, Señor, ist Ihnen gewiß ein großes Gebäude außerhalb der Wälle, nahe am Guadalquivir, aufgefallen. Das ist die Tabakmanufaktur. Noch glaube ich das große Tor und die Wache nebenan leibhaftig vor Augen zu sehen. Spanische Soldaten, wenn sie auf Wachtposten sind, spielen Karten oder schlafen. Ich als echter Navarrese suchte mich immer zu beschäftigen; ich machte mir mit Messingdraht eine Kette zurecht, an der ich meine Kartuschen-Nadel tragen wollte.

Plötzlich sagten die Kameraden: «Es läutet schon; da kommen die Mädchen wieder zur Arbeit.»

Sie müssen wissen, Señor: in der Tabakfabrik von Sevilla sind wohl vierhundert bis fünfhundert Frauen und Mädchen beschäftigt. Diese wickeln die Zigarren in einem großen Saal, zu dem Männer nur mit besonderer polizeilicher Erlaubnis Zutritt haben, weil die Weiber, wenn es heiß ist, es sich bei der Arbeit außerordentlich bequem machen, zumal die jungen. Um die Stunde, wo die Arbeiterinnen vom Mittagessen zurückkommen, pflegt sich auch allerlei junges Mannsvolk vor der Manufaktur einzufinden, um mit den Mädchen anzubändeln. Nur weni-

* Eisenbeschlagene Stöcke der Basken.

ge von diesen Demoisellen schlagen eine seidene Mantilla aus, und die jungen Leute, die es nach solcher Jagdbeute gelüstet, brauchen nur zuzugreifen.

Während meine Kameraden aufgesprungen waren und sich am Gaffen und Scherzen beteiligten, blieb ich ruhig auf der Bank neben dem Tor sitzen. Ich war damals noch jung, sehnte mich nach meiner Heimat und glaubte, hübsche Mädchen seien undenkbar ohne blaue Röcke und lang herabfallende Zöpfe*.

Die Andalusierinnen schüchterten mich ein; ich hatte mich noch nicht an ihre Art gewöhnt – an dies ewige Getändel, niemals unterbrochen durch ein vernünftiges Wort!

So saß ich über meine Messingkette gebeugt, als ich aus dem Gewimmel der Schwätzer Stimmen vernahm:

«Da kommt die gitanilla, die kleine Zigeunerin!»

Ich hob die Augen auf und sah sie. Es war ein Freitag, und ich werde ihn nicht vergessen. Ich sah diese Carmen – dieselbe, in deren Stube ich Ihnen vor einigen Monaten wiederbegegnet bin.

Sie trug einen sehr kurzen roten Rock, weiße, arg zerrissene Seidenstrümpfe und zierliche rote Schuhe, die mit feuerfarbenen Schleifen zugebunden waren. Ihre Mantilla hatte sie zurückgeschlagen, so daß die Schultern und, vorn am Hemd, ein großer Akazienstrauß sichtbar wurden. Eine Akazienblütentraube trug sie auch im Winkel ihres Mundes. Und beim Gehen wiegte sie sich in den Hüften wie ein Füllen aus dem Gestüt von Cordova. Vor einem Weibe in solchem Aufzug hätte sich in meiner Heimat jedermann ängstlich bekreuzt! In Sevilla jedoch regnete es Komplimente und kecke Späße jeder Art; und sie antwortete auf alles, äugte nach links und zwinkerte nach rechts, das Fäustchen auf die Hüfte gestemmt, frech wie die Zigeunerin, die sie eben war. Zuerst gefiel sie mir gar nicht, und ich nahm meine Arbeit ruhig wieder auf. Sie aber, gemäß dem Brauch aller Frauen und aller Katzen, nicht zu kommen, wenn man sie ruft, und zu kommen, wenn man sie nicht ruft, trat vor mich hin und redete mich an.

«Gevatter», sagte sie auf andalusische Manier, «willst du mir deine Kette nicht schenken? Ich möchte gern meinen Geldschrankschlüssel daran tragen!»

«Sie ist für meine Kartuschennadel bestimmt», erwiderte ich.

* Gewöhnliche Tracht der Bauernmädchen von Navarra und den baskischen Provinzen.

«Deine Nadel?!» rief sie lachend. «Oh, der Herr Brigadier ist wohl Spitzenfabrikant, daß er Nadeln zu seinem Handwerk braucht!»

Die Umstehenden brachen in Lachen aus. Ich aber fühlte mich rot werden und wußte nicht, was ich antworten sollte.

«Also, mein Schatz», begann sie wieder, «mach mir sieben Ellen schwarze Spitzen für eine Mantilla – Nadler meines Herzens du!»

Sie nahm die Akazienblüte aus dem Munde und schnipste sie mir mit einer Daumenbewegung gerade zwischen die Augen. Mir war es, als sei ich von einer Kugel getroffen worden... Ich wußte nicht, wohin ich mich verkriechen sollte, und stand regungslos da, plump wie ein Holzklotz.

Als sie in die Manufaktur hineingegangen war, fiel mein Blick auf die Akazienblüte zu meinen Füßen. Ohne daß es jemand gemerkt hätte, hob ich sie auf und steckte sie sorgsam zu mir. Das war die erste Dummheit, die ich beging.

Es mochten zwei oder drei Stunden vergangen sein, und ich dachte immer noch an die Szene mit dem Zigeunermädchen, da kam ein Pförtner ganz verstört und atemlos in die Wachtstube gerannt und sagte, im großen Zigarrensaal sei ein Mord begangen worden, und es müsse sofort jemand von der Wache heraufkommen. Der Wachtmeister sagte zu mir, ich solle zwei Mann nehmen und nachsehen, was passiert sei. Ich nahm also meine Leute und lief die Treppe hinauf. Oben im Saal erblickte ich zunächst nichts als etwa dreihundert Weiber im Hemd oder wenig mehr, alle schreiend, heulend, mit den Händen fuchtelnd und einen Lärm vollführend, daß man den lieben Gott kaum hätte donnern hören! An der Wand lag eine Frau, alle viere von sich streckend und ganz mit Blut bedeckt. Mitten im Gesicht hatte sie ein Kreuz, das man ihr mit zwei Messerschnitten beigebracht haben mußte.

Vor der Verwundeten (der einige der Besseren von der Bande die erste Hilfe zu leisten suchten) stand Carmen, von fünf oder sechs Weibsbildern festgehalten. Die Verwundete schrie:

«Ich will beichten! Ich will beichten! Ich liege im Sterben!...»

Carmen sagte nichts; sie biß die Zähne zusammen und rollte die Augen wie ein Chamäleon.

«Was ist passiert?» fragte ich.

Es war zunächst nicht ganz leicht, zu erfahren, was eigentlich passiert war; denn die ganze gackernde Gesellschaft redete gleichzeitig auf mich ein. Die Verletzte – das bekam ich schließlich heraus – hatte geprahlt, daß sie so viel Geld in der Tasche habe, um sich dafür auf dem Markte von Triana einen Esel kaufen zu können.

«Man sollte denken», hatte Carmen mit ihrer boshaften Zunge erwidert, «zum Reiten müßte dir ein Besenstiel reichlich genügen!»

Die andere, durch solchen Hohn gekränkt (und vielleicht auch, weil sie sich in diesem Punkte nicht unangreifbar fühlte), antwortete: da sie nicht die Ehre habe, Zigeunerin oder des Höllenfürsten Patenkind zu sein, so verstehe sie sich nicht besonders auf Besenstiele; die ehrenwerte Señorita Carmen dagegen werde sehr bald Bekanntschaft mit dem Esel machen, wenn nämlich der Herr Corregidor sie darauf spazierenreiten lasse, quer durch die Stadt, mit zwei Lakaien hinterdrein, um dem Tiere die Fliegen abzuwedeln.

«Halt dein freches Maul!» rief Carmen, «oder ich mal dir 'ne blutige Fliegenschwemme mitten ins Gesicht!»

Und – ritsch, ratsch! – begann sie, mit dem Messer, das ihr zum Abschneiden der Zigarrenenden diente, das Kreuz des heiligen Andreas auf die Wange der Gegnerin zu ritzen.

Die Sache lag klar; ich faßte Carmen am Arm.

«Schwester», sagte ich mit aller Höflichkeit zu ihr, «Sie müssen mir folgen!»

Sie sah mich an, und ich hatte die Empfindung, daß sie mich wiedererkenne. Ruhigen Tones sagte sie:

«Also gehen wir! ... Wo ist meine Mantilla?»

Sie schlang diese so um den Kopf, daß nur ein einziges ihrer großen Augen sichtbar blieb, und folgte meinen Leuten sanft wie ein Lamm.

Als wir im Wachtlokal angelangt waren, entschied der Quartiermeister, der Fall sei ernst, man müsse die Übeltäterin ins Gefängnis abführen. Wieder war ich es, dem diese Aufgabe zufiel. Ich nahm sie zwischen zwei Dragoner und marschierte hinterher, wie das ein Brigadier bei solcher Gelegenheit wohl tun muß.

Wir machten uns auf den Weg zur Stadt. Die Zigeunerin verhielt sich zunächst ganz still. Aber in der Schlangengasse – so genannt, weil sie besonders viel Windungen macht – ließ sie ihre Mantilla auf die Schultern herabgleiten, damit ich ihr verführerisches Frätzchen recht sehen sollte, wandte sich nach mir um, so weit sie es nur vermochte, und sagte:

«Herr Offizier, wohin führen Sie mich?»

«Ins Gefängnis, mein armes Kind», antwortete ich so sanft, wie ein wackerer Soldat zu einem Gefangenen sprechen muß, zumal wenn es sich um eine Frau handelt.

«Weh mir, was soll aus mir werden?! Gnädiger Herr Offizier, haben Sie Mitleid mit einem schutzlosen Mädchen! Sie sind so jung und so liebenswürdig! ...»

Dann, ganz leise:

«Lassen Sie mich entwischen, und ich gebe Ihnen ein Stück von der *bar lachi*, das alle Frauen wie toll in Sie verliebt machen wird!»

(Sie müssen wissen, Señor: die bar lachi, das ist der Magnetstein, mit dem man, wie die Zigeuner sagen, eine Menge Zaubereien ausführen kann, wenn man sich seiner richtig zu bedienen weiß. Schütten Sie einer Frau eine zerriebene Messerspitze davon in ein Glas Weißwein, und sie tut alles, was Sie wollen!)

Gemessenen Tones antwortete ich der Arrestantin:

«Es ist jetzt nicht an der Zeit, Possen zu treiben! Die Parole lautet: Gefängnis, und dagegen gibt es kein Zaubermittel!»

Wir Basken haben einen Akzent, an dem man uns leicht erkennen kann, und Carmen hatte wohl schon längst gemerkt, daß ich aus den baskischen Provinzen stammte. Die Zigeuner ihrerseits, diese heimatlosen Wandersleute, sprechen alle Sprachen. In Portugal, in Frankreich, in den Provinzen, in Catalonien – überall sind sie zu Hause; sogar mit Mauren und mit Engländern können sie sich verständigen. Carmen vermochte sich im Baskischen ganz leidlich auszudrücken.

«Laguna ene bihotsarena, Kamerad meines Herzens», sagte sie plötzlich zu mir, «sind Sie nicht aus Baskenland?»

Unsere Sprache, Señor, ist so schön, daß ihre Klänge, wenn wir sie irgendwo in der Fremde vernehmen, uns vor Rührung erbeben lassen.

– Ich möchte einen baskischen Beichtvater haben! – fügte Don José leise hinzu. Nach einer Pause fuhr er fort –:

Ich bin aus Elizondo, antwortete ich meiner Gefangenen auf baskisch, tief ergriffen, sie meine Sprache reden zu hören.

«Und ich aus Etchalar», sagte sie. (Das liegt vier Meilen von meinem Heimatsort entfernt.) «Ich bin von Zigeunern nach Sevilla entführt worden. Hier arbeite ich in der Tabakmanufaktur, um mir das Reisegeld zu verdienen zur Heimkehr nach Navarra, zu meiner armen Mutter, die auf der Welt nur mich hat und einen kleinen Garten mit zwanzig Apfelbäumen, um Cider zu bereiten! Oh, wäre ich doch wieder in der Heimat, das herrliche große Schneegebirge vor meinen Augen! ... Hier in Sevilla hat man mich verhöhnt, weil ich nicht aus diesem Lande bin, wo die Leute nichts können, als faule

Orangen verkaufen; und die Bettelweiber in der Fabrik haben sich alle gegen mich zusammengetan, weil ich gesagt habe, sämtliche Renommierburschen von Sevilla mit ihren Messern könnten nicht aufkommen gegen einen einzigen Basken mit seiner blauen Mütze und seiner maquila! ... Kamerad, Freund, werden Sie nichts tun für ein armes junges Weib, das aus Ihrem Lande stammt?»

Carmen log, Señor; sie hat immer gelogen! Vielleicht hat sie in ihrem ganzen Leben kein einziges wahres Wort gesprochen ... Wenn sie aber redete, so glaubte ich ihr – dagegen war kein Kraut gewachsen! Zwar sprach sie das Baskische ziemlich unbeholfen aus, aber ich hielt sie für eine Navarresin. Ihre Augen, ihr Mund, ihr Teint, alles hätte mir sagen müssen, daß sie eine Zigeunerin war! Doch ich war eben verrückt, ich konnte auf nichts mehr achtgeben. Ich bedachte, daß, wenn ein Spanier sich etwa unterstanden hätte, meine Heimat zu verlästern, ich ihm das Gesicht ebenso zerfetzt haben würde, wie sie, Carmen, das Gesicht ihrer Arbeitsgenossin! Kurz, ich war wie betrunken! Ich begann Dummheiten zu reden; und Dummheiten zu tun, liegt dann nicht mehr weit ab!

«Wenn ich Ihnen einen Stoß gäbe, und Sie fielen hin, Landsmann» – begann sie wieder auf baskisch –, «dann möchte ich sehen, ob Ihre beiden kastilischen Gelbschnäbel mich halten könnten! ...»

Da vergaß ich, weiß Gott! den erhaltenen Befehl und alles andere und sagte zu ihr:

«Gut, Freundin, Heimatskind, versuchen Sie es! Und Unsere liebe Frau vom Berge leihe Ihnen ihren Beistand!»

In diesem Augenblick kamen wir am Eingang eines jener engen Gäßchen vorbei, wie es in Sevilla deren so viele gibt. Plötzlich wandte Carmen sich um und versetzte mir einen Faustschlag vor die Brust. Ich ließ mich absichtlich hinfallen, weit hintenüber. Mit einem Satz sprang sie über mich weg und begann zu laufen – uns ein Paar Beine zeigend, die sich wirklich sehen lassen konnten: so flink und schöngeformt waren sie!

Ich sprang auf, hielt aber meine Lanze so in die Quere, daß sie die Gasse versperren und die Kameraden zunächst an der Verfolgung hindern mußte. Dann begann ich selber zu laufen; die beiden anderen hinter mir drein. Aber die Flüchtige einzuholen – das hatte keine Gefahr: wir mit unseren Sporen, unseren Säbeln und Lanzen! Schon war sie uns aus den Augen entschwunden. Und das gesamte Weibervolk des Viertels begünstigte die Flucht, mokierte sich über uns und wies uns absichtlich falsche Wege. Nach vielem Hin- und Her-Rennen mußten wir, wohl oder übel, zur Wache zurück, ohne die Quittung des Gefängnisdirektors über eine vollzogene Einlieferung mitbringen zu können.

Um nicht bestraft zu werden, sagten meine beiden Leute, daß Carmen mit mir baskisch gesprochen habe. Und es erschien ja auch wenig glaubhaft, daß die Faust eines so zierlichen Mädchens einen kräftigen Kerl wie mich ohne weiteres zu Boden gestreckt haben sollte. Die ganze Sache war also verdächtig; oder vielmehr: sie war nur allzu durchsichtig! Ich wurde degradiert und auf einen Monat in Arrest gesteckt. Es war meine erste Strafe, seitdem ich im Dienst war. Adieu nun, ihr Quartiermeisterslitzen, die ich mir schon so nahe geglaubt hatte!

Die ersten Tage im Arrest waren sehr traurig. Als ich Soldat geworden war, hatte ich gehofft, es mindestens bis zum Offizier bringen zu können. War doch eine ganze Anzahl meiner Landsleute in hohe militärische Stellungen eingerückt! Jetzt aber mußte ich mir sagen: Deine ganze bisherige straflose Dienstzeit ist eine verlorene Zeit gewesen! Jetzt bist du bemakelt, und um bei den Vorgesetzten auch nur ein bißchen wieder in Geltung zu kommen, mußt du dich zehnmal mehr anstrengen als in der ersten, schlimmsten Rekrutenzeit! Und warum hatte ich mich einer so infamierenden Bestrafung ausgesetzt? Wegen einer elenden Zigeunerin, die meiner spottete und vielleicht gerade in diesem Augenblick in irgendeinem Winkel von Sevilla ihrem Diebeshandwerk nachging! Trotzdem konnte ich nicht aufhören, an sie zu denken. Mögen Sie es glauben oder nicht, Señor: die zerrissenen Seidenstrümpfe, die ich bei ihrer Flucht so gut zu sehen bekommen hatte, wollten mir nicht aus dem Sinn! ... Durch das Gitter meiner Arrestzelle konnte ich auf die Straße sehen; aber unter allen weiblichen Wesen, die vorbeikamen, war kein einziges, das es mit diesem Teufelsmädchen auch nur annähernd hätte aufnehmen können! Und stets noch umschwebte mich der Hauch der Akazienblüte, die sie mir ins Gesicht geschleudert, und die, so vertrocknet sie auch war, ihren vollen Duft dennoch bewahrt hatte ... Oh, wenn es Zauberinnen auf der Welt gibt: dieses Mädchen mußte eine sein!

Eines Tages kam der Wärter und gab mir ein Brot aus Alcalà*.

«Das schickt Ihnen Ihre Cousine!» sagte er.

* Alcalà de los Panaderos, ein zwei Meilen von Sevilla gelegener Ort, wo deliziöse Brötchen gebacken werden. Diese Ware, deren Vorzüglichkeit dem Wasser von Alcalà zu verdanken sein soll, wird täglich in großen Mengen in die Stadt geliefert.

Ich nahm das Brot und war sehr erstaunt; denn ich hatte keine Cousine in Sevilla. Es ist vielleicht ein Irrtum, dachte ich, das Brot nachdenklich betrachtend. Es sah aber so appetitlich aus und duftete so gut, daß ich beschloß, es zu verzehren, ohne mich weiter um Herkunft oder Bestimmung zu kümmern. Als ich es zerschneiden wollte, stieß mein Messer auf etwas Hartes. Bei näherem Zusehen entdeckte ich eine kleine englische Feile, die in den Teig hineingebacken war. Außerdem fand sich darin ein Goldstück im Werte von zwei Piastern. Kein Zweifel mehr: Es mußte ein Geschenk von Carmen sein! Für Menschen ihrer Rasse bedeutet Freiheit alles, und sie würden eine ganze Stadt anzünden, wenn sie sich einen Tag Gefängnis damit ersparen könnten.

Die eingeschmuggelten Dinge waren gut ausgedacht; denn mit der kleinen Feile hätte man in einer Stunde das stärkste Gitter durchsägen können, und für das Zweipiasterstück würde der erstbeste Trödler meinen Soldatenmantel gegen ein Zivilgewand umgetauscht haben. Und jemandem, der, wie ich, so oft junge Adler aus ihren Felsennestern geholt hatte, wäre es eine Kleinigkeit gewesen, von einem kaum dreißig Fuß hohen Fenster auf die Straße hinabzuklettern. Aber ich wollte nicht entweichen; ich hatte noch meine Soldatenehre, und Desertion erschien mir als etwas sehr Schimpfliches. Immerhin bewegte mich dieses Zeichen des Gedenkens tief. Für Gefangene ist es ein so tröstlicher Gedanke, in der Außenwelt einen teilnehmenden Freund zu haben! Das Goldstück machte mich allerdings bedenklich, und ich hätte es gern zurückgegeben; aber wo wäre mein Gläubiger zu finden gewesen? ... Diese Frage schien mir nicht leicht zu beantworten.

Nach der peinlichen Prozedur der Degradierung glaubte ich das Schlimmste überstanden zu haben. Aber weitere Demütigungen harrten meiner. Als ich aus dem Arrest entlassen war, wurde ich zum Postenstehen kommandiert wie ein gemeiner Soldat. Denken Sie, welche Schmach das für einen ehrliebenden Mann bedeutet! Ich glaube, ich hätte mich weit lieber füsilieren lassen! Bei dieser Zeremonie schreitet man wenigstens allein vor dem Zuge einher, man ist die Hauptperson und fühlt aller Augen auf sich gerichtet.

Ich bekam die Wache vor dem Hause des Colonel. Das war ein reicher Herr, noch jung, gutmütig und vergnügungssüchtig. An diesem Tage sollte sich eine große Gesellschaft bei ihm versammeln: junge Offiziere, wohlhabende Bürger, auch Frauen, Schauspielerinnen, wie man sagte. Ich hatte die Empfindung, als habe die ganze Stadt sich gerade an dieses Haustor verabredet, um mich Posten stehen zu sehen. Da kam auch schon der Wagen des Colonels angerollt, mit dem Kammerdiener auf dem Bock. Und wen sah ich daraus hervorkommen? ... Die gitanilla! Diesmal war sie geschmückt wie ein Reliquienkästchen, herausgeputzt und aufgetakelt mit Glitzerwerk und Seidentand. Sie trug ein Flitterkleid, blaue Tanzschuhe, Blumen und Besatz überall. In der Hand hatte sie ein Tamburin. Mit ihr kamen zwei andere Zigeunerinnen, eine junge und eine alte. (Eine Alte ist zur Führung immer dabei.) Außerdem erschien noch ein alter Mann mit einer Gitarre, der zum Tanze aufspielen sollte. Sie wissen: zu solchen Gesellschaften läßt man häufig Zigeunerinnen kommen, damit sie ihren Nationaltanz, romalis genannt, aufführen, und manchmal noch andere Dinge.

Carmen erkannte mich, und wir wechselten einen Blick. Oh, in diesem Moment hätte ich hundert Fuß unter der Erde sein mögen!

«Agur laguna*!» sagte sie. «Aber was sehe ich, Herr Offizier?! Sie stehen hier Wache wie ein gemeiner Soldat?!»

Bevor mir ein Wort der Erwiderung eingefallen war, war sie im Hause verschwunden.

Die Gesellschaft versammelte sich in dem mit Fliesen bedeckten Innenhof, dem sogenannten patio, und durch das Gitter hindurch vermochte ich fast alles zu erkennen, was vorging. Ich hörte die Kastagnetten, das Tamburin, das Gelächter, den Beifall. Manchmal, wenn sie mit ihrem Instrument in die Höhe sprang, erblickte ich Carmens Kopf. Ich hörte auch, wie ihr von Offizieren Dinge gesagt wurden, die mir die Zornesröte ins Gesicht trieben. Von ihren Antworten konnte ich nichts vernehmen.

Ich glaube, daß es diese Stunde war, wo ich mich ernstlich in sie verliebte. Drei- oder viermal fühlte ich mich versucht, in den Hof einzudringen und all den Laffen, die ihr zweideutige Galanterien sagten, meinen Säbel in den Bauch zu rennen. Dies Martyrium dauerte eine gute Stunde. Dann kamen die Zigeunerinnen wieder zum Vorschein, und der Wagen führte sie davon.

Carmen, mich im Vorüberhuschen anblitzend mit den Augen, die Sie kennen, sagte leise zu mir:

«Landsmann, wer gern gebackene Fische ißt, der findet sie in Triana bei Lillas Pastia.»

Leichtfüßig wie ein Zicklein sprang sie in den Wagen, der Kutscher schlug auf seine Maultiere ein, und die ganze lustige Bande entschwand – wer weiß, wohin?

Sie können sich denken, daß ich, als mein Wacht-

* Guten Tag, Kamerad!

dienst zu Ende war, mich klopfenden Herzens nach Triana begab! Vorher aber ließ ich mich rasieren und machte mich elegant, wie zur Parade. Und richtig: Ich fand Carmen bei dem Garkoch Lillas Pastia, einem alten, mohrenschwarzen Zigeuner, dessen Fischküche in Bürgerkreisen großen Zuspruch fand, und zwar besonders seit dem Tage, wo Carmen ihr Quartier dort aufgeschlagen hatte.

«Lillas», sagte sie, sobald sie meiner ansichtig wurde, «heute tue ich nichts mehr! Morgen ist auch ein Tag! ... Kommen Sie, Landsmann, wir wollen spazierengehen!»

Sie nahm ihren Spitzenshawl vor die Nase, und schon befanden wir uns auf der Straße, ohne daß ich gewußt hätte, wohin es nun gehen sollte.

«Señorita», sagte ich zu ihr, «ich glaube, daß ich mich bei Ihnen für ein Geschenk zu bedanken habe, das ich während meiner Gefangenschaft erhielt! ... Das Brot habe ich gegessen; die Feile soll mir zum Schärfen meiner Lanze dienen, und ich behalte sie zum Andenken; aber das Geld – hier ist es zurück!»

«Sieh mal an!» rief sie, laut auflachend, «er hat das Geld brav aufgehoben! ... Na, das ist nicht so schlimm: Ich bin heute gerade knapp bei Kasse ... Was tut's? Der Hund auf der Straße erwischt was zum Fraße! ... Also, vertun wir den ganzen Reichtum! Du hältst mich frei!»

Wir nahmen den Weg in die Stadt zurück. An der Ecke der Schlangengasse kaufte sie ein Dutzend Orangen, die ich in einem Tuch tragen mußte. Etwas weiterhin kaufte sie ein Brot, Wurst, eine Flasche Manzanilla. Darauf traten wir in eine Confiserie. Carmen warf das Goldstück, das ich ihr zurückgegeben hatte, auf den Ladentisch, dann noch ein zweites, das sie in ihrer Tasche hatte, und etliches Silbergeld. Zuletzt verlangte sie von mir noch alles, was ich bei mir hätte. Es waren nur eine silberne Peseta und einige Kupferstücke, die ich ihr geben konnte, tiefbeschämt darüber, daß mein Vermögen so gering war. Sie aber schien den ganzen Laden aufkaufen zu wollen. Sie nahm das Beste und Teuerste, Eierbaisers, verschiedene Sorten von Nougat, kandierte Früchte – soviel für das Geld nur zu haben war. All das mußte ich in großen Tüten ebenfalls tragen. Sie kennen vielleicht die Laternengasse, in welcher der von seinem Standbild abgesägte Kopf des Königs Pedro des Grausamen zu sehen ist? Dieser Anblick hätte mir zu denken geben sollen! In besagtem Gäßchen machten wir vor einem alten Hause halt. Carmen trat in einen langen, dunklen Flur und klopfte an eine Tür. Eine hexenhafte Zigeunerin – die, wie ich später erfuhr, Dorothea hieß – öffnete uns. Carmen sprach ein paar Worte zu ihr, aber die Alte schien mißgestimmt zu sein. Da gab Carmen ihr zwei Orangen und eine Handvoll Bonbons; auch erlaubte sie ihr, einen Schluck von dem Wein zu nehmen. Dann hängte sie ihr ihren Mantel um, schob sie mit sanfter Gewalt in den Flur hinaus und verschloß die Tür mit dem Querholz.

Sobald wir allein waren, begann sie zu toben und zu lachen wie eine Tolle, wobei sie eine Zigeunermelodie sang:

«Du bist mein Mann, ich bin dein Schatz ...»

Ich, noch mit den Einkäufen beladen, stand mitten in der Stube und wußte nicht, wohin ich die vielen Herrlichkeiten legen sollte. Sie schleuderte alles zur Erde, sprang mir um den Hals und rief:

«Ich bezahle meine Schulden – das ist meines Volkes Brauch!»

Oh, Señor, das war ein Tag! ... Wenn ich daran zurückdenke, vergesse ich, was morgen sein wird!

Der Räuber schwieg einen Augenblick; dann setzte er seine Zigarre wieder in Brand und fuhr fort:

Wir verbrachten den ganzen Nachmittag mit Essen und Trinken und anderen Dingen. Sie schleckte all das süße Zeug wie ein sechsjähriges Kind. Dann warf sie ganze Händevoll Bonbons in den Wasserkrug der Alten.

«Ich mache ihr Zuckerwasser!» sagte sie.

Sie zerquetschte einige von den Eierbaisers und schmiß sie gegen die Wand.

«Damit die Fliegen uns in Ruhe lassen!» sagte sie.

Und so trieb sie tausend Possen und Albernheiten.

Ich sagte, daß ich sie gern tanzen sehen möchte. Da keine Kastagnetten zur Hand waren, so zerbrach sie den einzigen Teller, den die Alte besaß, und tanzte den romalis beim Geklapper der Steingutscherben ebenso wirkungsvoll, als wenn die Kastagnetten aus Ebenholz oder Elfenbein gewesen wären. Oh, mit diesem Mädchen langweilte man sich nicht! ... Doch es war inzwischen Abend geworden, und ich hörte in der Ferne den Zapfenstreich blasen.

«Ich muß zum Appell in die Kaserne», sagte ich.

«In die Kaserne?» wiederholte sie spöttisch. «Bist wohl ein Neger, der mit dem Stocke regiert werden muß? ... Nein, von Farbe und Charakter bist du eigentlich ein Kanarienvogel, du in deiner gelben Uniform! ... Also lauf, du Hasenherz!»

Ich blieb bei ihr – mit der sicheren Aussicht auf erneute Bekanntschaft mit dem Arrestlokal. Am Morgen aber war sie die erste, die von Trennung sprach.

«Hör zu, Joseto», sagte sie. «Hab' ich meine Schuld bezahlt?! Eigentlich hätte ich dir nach unserem Gesetz gar nichts zu zahlen brauchen, weil du ein payllo bist. Aber du bist auch ein hübscher Junge und hast mir gefallen. Wir sind quitt. Adieu.»

Ich fragte sie, wann wir uns wiedersehen könnten.

«Wenn du weniger einfältig sein wirst», antwortete sie lachend.

Dann, in ernsterem Ton:

«Weißt du, mein Kerlchen, daß ich glaube, daß ich dich ein bißchen lieb habe? Aber das kann nicht von Dauer sein. Wolf und Hund – gibt keinen Bund! ... Falls du ganz zu uns Zigeunern kämest, könnte ich vielleicht deine Liebste werden. Aber das ist ein alberner Gedanke; es kann eben nicht sein! ... Schließlich darfst du noch von Glück sagen: du bist dem Teufel begegnet, und er hat dir nicht den Hals umgedreht! Opfere deiner Madonna eine Wachskerze, sie hat es redlich um dich verdient! ... Und nun nochmals adieu! Denk nicht mehr an Carmencita, oder es könnte geschehen, daß du eine Witwe mit Holzbeinen heiraten müßtest*!»

Mit diesen Worten schob sie den Querbalken der Tür zurück, und wir traten auf die Gasse hinaus. Sie hüllte sich in ihre Mantilla und war rasch entschwunden.

Der Rat, den sie mir gegeben, war gut: ich hätte klug daran getan, nicht mehr an sie zu denken. Aber seit dieser Nacht vermochte ich an gar nichts anderes mehr zu denken, als eben an sie! In meinen freien Stunden irrte ich durch die Stadt, hoffend, ihr zu begegnen. Ich fragte die alte Hexe und den Fischkoch nach ihr. Beide erklärten übereinstimmend, sie sei nach dem «roten Lande», das heißt: nach Portugal gegangen. Vermutlich waren sie von Carmen in diesem Sinne instruiert worden; aber ich sollte bald erfahren, daß sie logen.

Seit der Nacht in der Laternengasse waren einige Wochen verflossen, da hatte ich Wache an einem der Stadttore. In unmittelbarer Nähe dieses Tores war ein Stück der Umfassungsmauer eingestürzt. Während des Tages arbeiteten Maurer an ihrer Wiederherstellung; für die Nacht aber wurde ein Wachtposten aufgestellt, um der Schmuggelgefahr zu begegnen.

Den Tag über hatte ich Lillas Pastia um das Wachtlokal herumstreichen und mit mehreren meiner Kameraden sprechen sehen; alle kannten ihn, und noch mehr wußten sie seine gebackenen Fische und seine Krapfen zu schätzen. Er trat auf mich zu und fragte, ob ich etwas von Carmen gehört hätte.

«Nein», sagte ich.

«Nun, Sie werden von ihr hören, Gevatter!»

* Der Galgen – la potence; lateinisch: potentia – ist die Witwe des zuletzt Gehenkten.

Er sollte recht behalten. In der Nacht bekam ich, wie gesagt, den Posten neben der Mauerbresche. Kaum hatte der den Wachtdienst kommandierende Brigadier sich entfernt, da sah ich, wie eine Frau aus der Dunkelheit auftauchte und auf mich zukam. Eine Ahnung sagte mir, daß es Carmen sein müsse. Dennoch rief ich:

«Weg da! Hier ist kein Durchgang!»

«Tun Sie doch nicht so böse!» sagte, sich zu erkennen gebend, die Zigeunerin.

«Was?! Sind Sie es, Carmen?»

«Ja, Landsmann. Doch ohne Umschweife: Willst du dir einen Duro* verdienen? ... Es werden Leute mit Säcken und Ballen kommen; laß sie passieren!»

«Nein», erwiderte ich. «Ich muß sie anhalten: das ist die Instruktion.»

«Die Instruktion! ... In der Laternengasse dachtest du nicht an die Instruktion!»

«Ah!» antwortete ich, schon ganz betäubt durch die bloße Erinnerung; «damals lohnte es sich, die Instruktion zu vergessen! ... Aber von Schmugglern nehme ich kein Geld!»

«Nun, wenn du kein Geld willst, so möchtest du doch vielleicht ganz gern noch mal bei der alten Hexe mit mir schmausen?»

«Nein!» sagte ich, halb erstickt von dem Krampf, den mich diese Ablehnung kostete. «Ich kann nicht!»

«Auch gut! ... Wenn du so eigensinnig bist, so weiß ich, an wen ich mich zu wenden habe! Ich werde deinem Leutnant ein Rendezvous bei der Dorothea vorschlagen. Dieser junge Herr macht einen recht umgänglichen Eindruck; er wird den Posten an der Mauer mit einem Soldaten besetzen, der nur das sieht, was er sehen soll! Adieu, mein Kanarienvögelchen! Der Tag, wo die Instruktion lauten wird, dich an den Galgen zu hängen – der soll mir ein Festtag sein!»

Ich war schwach genug, sie zurückzurufen. Ja, ich versprach ihr, falls es sich als nötig erweisen sollte, das gesamte Zigeunervolk durchzulassen, wenn mir dafür nur die einzige Gegenleistung zuteil würde, auf die ich Wert legte! Sie schwor, gleich morgigen Tages ihr Wort einzulösen. Und schon huschte sie davon, um die in unmittelbarer Nähe lauernden Kumpane zu benachrichtigen. Es waren deren fünf, darunter Pastia, alle schwer bepackt mit englischen Waren. Carmen paßte auf, ob nichts Verdächtiges sich rege. Es war verabredet worden, daß sie, falls sie die Runde kommen sähe, mit ihren Kastagnetten ein Signal geben solle. Aber es bedurfte dessen gar

* Duro: Silbermünze im Werte von etwa fünf Franken.

nicht. Die Schmuggler bewerkstelligten die Sache ungestört und rapid.

Am folgenden Tage ging ich in die Laternengasse. Carmen kam verspätet und war schlecht gelaunt.

«Ich mag keine Leute, die sich bitten lassen», sagte sie. «Das erste Mal hast du mir einen größeren Dienst erwiesen, ohne auf irgendwelchen Lohn zu rechnen. Gestern hast du dir eine Entschädigung ausbedungen. Ich weiß nicht, warum ich eigentlich gekommen bin, denn ich liebe dich nicht mehr. – Da, nimm einen Duro für deine Mühe!»

Beinahe hätte ich ihr das Geld an den Kopf geworfen, und ich mußte mich zusammennehmen, um sie nicht zu schlagen. Eine Stunde lang stritten wir uns; dann lief ich voller Wut davon. Halb wahnsinnig irrte ich durch die Straßen. Schließlich gelangte ich in eine Kirche, setzte mich in den dunkelsten Winkel und weinte heiße Tränen. Plötzlich vernahm ich eine Stimme:

«Ei, sieh da: Dragonertränen! ... Daraus brau' ich einen Liebestrank!»

Ich hob die Augen: Carmen stand vor mir.

«Nun, zürnen Sie noch, Landsmann?» fragte sie. «Es scheint doch, als ob ich Sie liebhätte, denn seitdem Sie vorhin weggerannt sind, ist mir ganz sonderbar zumute! Und jetzt bin ich es, die dich fragt: Kommst du wieder mit in die Laternengasse?»

Somit war der Friede geschlossen. Aber Carmens Launen wechselten wie die Witterung in unseren baskischen Bergen, wo gerade bei glühender Sonne Blitz und Donner am nächsten sind. Zu einer späteren Verabredung, die wir getroffen hatten, kam sie nicht. Und die alte Dorothea erklärte abermals, sie sei «in Zigeunersachen nach Portugal gegangen».

Ich wußte schon, was von solcher Auskunft zu halten sei, und suchte Carmen überall. Wohl zwanzigmal am Tage zog es mich in den Schlupfwinkel der Laternengasse. Eines Abends befand ich mich wieder dort (Dorotheas Vertrauen hatte ich inzwischen durch gelegentliche Likörspenden halb und halb gewonnen), als Carmen eintrat, und mit ihr ein junger Mann, Leutnant in meinem Regiment.

«Geh schnell weg!» sagte sie auf baskisch zu mir.

Ich blieb regungslos stehen – ebenso verblüfft wie empört.

«Was treibst du denn hier?» fuhr der Leutnant mich an. «Hinaus mit dir, oder ich mach' dir Beine!»

Ich vermochte keinen Schritt zu tun; ich fühlte mich wie angenagelt. Der Offizier, zornbebend, weil ich mich nicht von der Stelle rührte, und auch wohl, weil ich nicht einmal meine Dienstmütze abgenommen hatte, packte mich am Kragen und schüttelte mich heftig. Ich erinnere mich nicht, was ich zu ihm gesagt habe. Er zückte seinen Säbel, und ich zog ebenfalls blank. Die Alte faßte mich am Arm, und der Leutnant versetzte mir einen Hieb über die Stirn, dessen Narbe Sie hier noch sehen können. Ich wich zurück und stieß Dorothea mit dem Ellbogen beiseite, so daß sie hinfiel. Und da der Leutnant mir nachkam, so streckte ich ihm die Spitze meines Säbels entgegen, und er rannte hinein.

Carmen löschte die Lampe und flüsterte der Alten zu, sie solle sich in aller Eile davonmachen. Auch ich stürzte auf die Straße hinaus und begann zu rennen, ohne zu wissen, wohin. Folgte mir jemand? ... Als ich mich umzublicken wagte, sah ich, daß Carmen mich nicht verlassen hatte.

«Du großer Tölpel von einem Kanarienvogel», sagte sie, «du machst doch nichts als Dummheiten! ... Aber hatte ich dir nicht gesagt, daß ich dir Unglück bringen würde? ... Na, alles in der Welt läßt sich einrenken, wenn man eine Zigeunerin zur Freundin hat! Zunächst binde dir mal dies Taschentuch um die Stirn und wirf deinen Säbelgurt weg! Warte auf mich in dem dunklen Gang da! In zwei Minuten bin ich zurück!»

Sie verschwand, und alsbald brachte sie mir einen gestreiften Mantel – den sie, weiß Gott woher, geholt hatte!

Ich mußte meine Uniform ausziehen und mich in den Mantel hüllen. In dieser Ausstaffierung, mit dem Taschentuch als Verband um die Stirn, gewann ich einige Ähnlichkeit mit den Bauern aus Valencia, wie sie zahlreich nach Sevilla kommen, um ihren Gerstensirup auf den Markt zu bringen.

Carmen führte mich in ein Haus, ähnlich dem der Dorothea, am Ende eines Gäßchens. Sie und eine andere Zigeunerin wuschen mich, verbanden mich (besser, als jeder Stabsarzt es gekonnt hätte) und flößten mir ein sonderbar schmeckendes Getränk ein. Dann legten sie mich auf eine Matratze, wo ich bald in einen tiefen Schlaf versank.

Wahrscheinlich hatten die Weiber einige jener einschläfernden Kräuter, mit deren Geheimnissen sie vertraut sind, in den Trank gemischt; denn ich erwachte erst am folgenden Tage zu später Stunde. Ich hatte heftige Kopfschmerzen und etwas Fieber. Erst nach geraumer Zeit erinnerte ich mich der Szene, die gestern im Laternengäßchen passiert war. Nachdem Carmen und ihre Freundin den Verband meiner Wunde erneuert hatten, hockten sie sich an mein Lager nieder und tauschten in ihrer Sprache einige Gedanken aus, die wohl die Bedeutung einer medizinischen Konsultation hatten. Darauf erklärten sie mir, ich würde sehr bald wieder gesund sein, müsse aber Sevilla so rasch wie möglich verlassen; denn wenn man mich dort erwische, würde ich unweigerlich erschossen werden.

«Mein Junge», sagte Carmen zu mir, «du mußt irgend etwas unternehmen! Jetzt, wo du vom König weder Reis noch Stockfische mehr geliefert bekommst*, mußt du daran denken, deinen Unterhalt selbst zu verdienen. Leider bist du zu dumm, um heimlich und gewandt zu stehlen, immerhin aber ein starker, flinker Bursche, und wenn du Courage zu haben glaubst, so geh an die Küste und werde Schmuggler! ... Hab' ich dich nicht gleich dem Galgen versprochen? Besser gehenkt als erschossen! ... Wenn du dich leidlich in die Sache hineinfindest, kannst du leben wie ein Fürst, solange die Gendarmen und Strandwächter dich nicht an der Gurgel packen!»

Mit so verführerischen Worten schilderte mir das Teufelsweib die neue Laufbahn, die sie mir zudachte, und die in der Tat – nachdem ich die Todesstrafe auf mich geladen – die einzige mir noch offenstehende Karriere war. Und werden Sie es glauben, Señor?: Ich ließ mich ohne viel Widerstand überreden, zumal ich die Empfindung hatte, daß das mir bevorstehende Leben der Wagnisse und der Abenteuer mich inniger mit Carmen verbinden müsse. Oh, hinfort glaubte ich ihrer Liebe sicher zu sein! Gab es nicht so manchen kühnen Schmuggler, der auf schnellem Roß über die Gefilde Andalusiens hinsprengte, das Pistol in der Hand, die Geliebte hinten mit aufsitzend? Schon sah ich mich selbst dahinfliegen über Berg und Tal, die reizende Zigeunerin hinter mir! Als ich ihr dies Zukunftsbild ausmalte, lachte sie wie toll und pries mir statt dessen die Sommernächte am Lagerfeuer, wenn jeder Zigeuner sich mit seiner Liebsten ins Zelt zurückziehe – in seine winzige Behausung, aufgebaut aus drei Reifen, mit einer Decke darüber!

«Erst in der Einsamkeit der Berge werde ich deiner sicher sein», sagte ich zu ihr. «Dort gibt es keinen Leutnant, der mit mir teilen will!»

«Ah, du bist eifersüchtig!» rief sie. «Wie unangenehm für dich! Aber wie kannst du nur so dumm sein?! Siehst du denn nicht, wie sehr ich dich lieben muß, da ich niemals Geld von dir verlangt habe?»

Wenn sie so sprach, hätte ich sie erwürgen mögen!

Carmen verschaffte mir Zivilkleider, und es gelang mir, Sevilla zu verlassen, ohne erkannt zu werden. Ich ging nach Jerez, unweit von Cadix, wo ich einem Schnapswirt, bei dem die Schmuggler sich zu treffen pflegten, einen Brief von Pastia zu überbringen hatte. Ich wurde mit diesen Leuten bekannt gemacht, und ihr Führer, den sie den Dancaïre nannten, nahm mich in die Truppe auf. Wir gingen nach Gaucin, wo ich, wie es verabredet worden war, Carmen wiedertraf. Sie diente den Schmugglern als Kundschafterin, und eine bessere Spionin hat es nie gegeben. Sie kam von Gibraltar, wo sie sich mit einem Schiffsbesitzer wegen einer Ladung englischer Waren ins Vernehmen gesetzt hatte, die wir an der Küste in Empfang nehmen sollten. Wir erwarteten diese Güter in der Nähe von Estepona. Es gelang auch alles nach Wunsch. Einen Teil der Waren verbargen wir im Gebirge, mit den übrigen begaben wir uns nach Ronda. Carmen hatte sich schon vorher in die Stadt eingeschlichen; und sie war es, die uns den günstigen Moment wissen ließ, wo auch wir gefahrlos hineingelangen konnten.

Diese erste Expedition sowie einige weitere verliefen durchaus glücklich. Das Schmugglerleben gefiel mir besser als das Soldatenleben. Ich konnte Carmen Geschenke machen; ich hatte Geld, und ich hatte eine Geliebte. Gewissensbisse empfand ich kaum, gemäß dem alten Zigeunerspruch: «Keine Krätze juckt – den, der darauf spuckt! ...» Überall wurden wir gut empfangen; meine Gefährten kamen mir freundlich entgegen und erwiesen mir sogar Achtung. Der Grund davon war, daß ich einen Mann getötet hatte, und unter ihnen befand sich kaum einer, der nicht eine ähnliche Heldentat vollbracht hätte. Was mich aber am stärksten an mein neues Dasein fesselte, war, daß ich Carmen jetzt häufig zu sehen bekam. Sie bezeigte mir größere Neigung als je. Allerdings wünschte sie vor den Kameraden nicht als meine Geliebte zu gelten und ließ mich sogar tausend Eide schwören, daß ich nichts davon verraten würde. Ich war gegenüber dieser Kreatur so schwach, daß ich mich allen ihren Launen fügte. Übrigens beliebte es ihr damals, mir eine Art ehrsamer Zurückhaltung vorzuspiegeln, und ich war einfältig genug, an eine aufrichtige Wandlung ihrer Natur zu glauben.

Unser Trupp, der aus acht bis zehn Mann bestand, vereinigte sich nur in den entscheidenden Momenten. Gewöhnlich waren wir zu zweien oder dreien in Städten und Dörfern verstreut. Jeder von uns gab sich den Anschein, irgendein Handwerk zu betreiben: der eine war Kupferschmied, der andere Pferdehändler; ich spielte die Rolle eines Hausierers mit Kurzwaren, suchte aber, wegen der Affäre von Sevilla, größere Orte möglichst zu vermeiden.

Eines Nachts wollten wir – so war es ausgemacht

---

* Die gewöhnliche Kost des spanischen Soldaten.

– uns an einer einsamen Stelle des Gebirges treffen. Der Dancaïre und ich waren zuerst angekommen. Er schien besonders guter Laune zu sein.

«Du wirst einen neuen Kameraden bekommen», sagte er zu mir. «Carmen hat ein Meisterstück vollbracht: Sie hat ihrem Mann zur Flucht aus den Kasematten von Tarifa verholfen.»

«Wie?» fragte ich beklommen: «ihrem Mann?! Ist sie denn verheiratet?»

«Ja», antwortete der Anführer, «mit Garcia dem Einauge, einem Zigeuner, der ebenso geschickt und verschlagen ist wie sie selbst. Der arme Kerl war zur Galeere verurteilt. Carmen aber, dieses Goldmädel, hat den neuen Festungsarzt so gründlich verhext, daß er ihn entweichen ließ. Seit zwei Jahren arbeitete sie an ihrem Befreiungswerk. Nichts gelang, bis endlich ein neuer Doktor dorthin versetzt wurde, mit dem sie sich dann sehr bald verstanden zu haben scheint.»

Sie können sich denken, wie diese Enthüllung auf mich wirkte! ... Garcia der Einäugige tauchte denn auch sehr bald auf: das widerwärtigste Scheusal, das je aus Zigeunerblut entsprungen sein kann, schwarz von Körper und schwärzer an Seele, der infamste Verbrecher, dem ich in meinem Leben begegnet bin. Carmen kam gleichzeitig mit ihm, und wenn sie ihn in meiner Gegenwart ihren «lieben Mann» nannte, dann hätten Sie die Augen sehen sollen, die sie mir machte, und ihre Grimassen, wenn Garcia den Kopf wandte. Ich war empört und sprach stundenlang kein Wort mit ihr.

Kaum hatten wir uns in der Morgenfrühe mit unseren Ballen auf den Weg gemacht, als wir merkten, daß ein Dutzend Reiter uns auf den Fersen war. Die andalusischen Maulhelden, die immer von Mord und Totschlag sprachen, erwiesen sich als elende Feiglinge und dachten einzig daran, ihr wertvolles Leben zu retten. Nur wenige von unserer Bande verloren den Mut nicht: der Dancaïre; Garcia; ein hübscher Junge aus Ecija, genannt der Remendado*; und Carmen. Die übrigen ließen die Maultiere im Stich und flohen in die Schluchten, wohin die Pferde ihnen nicht zu folgen vermochten. Auch wir konnten unsere Tiere nicht behalten, sondern mußten die wertvollste Ware in aller Hast abladen und uns selbst damit bepacken. Und so, mit den Ballen auf der Schulter, versuchten wir, die steilsten Abhänge hinunter, uns quer durch die Felsen zu retten. Wir warfen die Ballen voran und glitschten und rutschten ihnen nach. Während dieser ganzen Zeit wurden wir von den Feinden beschossen. Es war das erste Mal, daß ich Kugeln pfeifen hörte; aber es machte mir wenig aus; und wer bewiese nicht Todesverachtung vor den Augen einer angebeteten Frau?

Wir kamen unversehrt davon, mit Ausnahme des armen Remendado, der einen Schuß ins Kreuz erhielt. Ich warf meinen Ballen hin und lud den Schwerverwundeten auf meine Schulter.

«Idiot!» schrie Garcia mir zu, «sollen wir uns mit einem Kadaver abschleppen?! Gib ihm den Rest und verlier deinen Sack mit den Strümpfen nicht!»

«Wirf den Kerl hin! Wirf ihn hin!» rief Carmen.

Die Erschöpfung zwang mich, den Armen für einen Augenblick im Schutze eines Felsens niederzulegen. Garcia trat an ihn heran und schoß ihm die volle Ladung seiner Muskete in den Kopf.

«Der müßte verdammt schlau sein, der ihn jetzt noch erkennen wollte!» meinte er mit einem Blick auf das von zwölf Kugeln zerfetzte Gesicht.

So sah das freie Räuberleben aus, das ich mir erträumt hatte, Señor! ... Zu Tode ermattet, lagerten wir am Abend in einem dornigen Gebüsch. Wir hatten nichts zu essen und waren durch den Verlust unserer Maultiere völlig zugrunde gerichtet. Und was tat dieser infernalische Garcia? Er zog ein Kartenspiel aus der Tasche, und beim Scheine des rasch angezündeten Feuers begannen er und der Dancaïre seelenruhig ein Spielchen zu machen. Ich hatte mich auf den steinigen Boden hingestreckt, sah zu den Sternen empor und beneidete den toten Remendado um sein Schicksal.

Carmen, neben mir kauernd, trällerte vor sich hin und klapperte bisweilen leise mit ihren Kastagnetten. Dann – mit einer Bewegung, als wolle sie mir etwas zuflüstern – küßte sie mich zwei- oder dreimal, trotz meines Sträubens.

«Du bist der Teufel!» sagte ich zu ihr.

«Ja», bestätigte sie.

Nach einigen Stunden der Ruhe war sie plötzlich weg, in der Richtung nach Gaucin hin; und am folgenden Morgen erschien ein kleiner Ziegenhirt und brachte uns Brot.

Nachdem wir den ganzen Tag an unserem Zufluchtsort ausgeharrt, schlichen wir uns bei einbrechender Dunkelheit in die Nähe von Gaucin. Dort warteten wir auf ein Zeichen von Carmen. Nichts kam.

Am folgenden Vormittag sahen wir, ein wenig unterhalb unseres Versteckes, einen Maultiertreiber des Weges kommen. Auf dem einen seiner Tiere ritt eine gutgekleidete Dame mit einem Sonnenschirm, auf dem andern ein kleines Mädchen, das ihre Dienerin sein mochte. Garcia schmunzelte:

* Der Geflickte.

«Da schickt uns der heilige Nikolaus zwei Maulesel und zwei Weiber. Vier Esel wären mir lieber gewesen. Aber man nimmt, was einem geboten wird!»

Er griff zu seiner Muskete und stieg, vom Buschwerk gedeckt, zum Wege hinunter. Der Dancaïre und ich folgten in geringer Entfernung. Als wir bis auf Schußweite herangekommen waren, traten wir vor und riefen dem Treiber zu, er solle haltmachen. Bei unserem Anblick brach die Dame – anstatt, wie es ihre Pflicht gewesen wäre, vor uns Raubgesellen zu erschrecken – in ein schallendes Gelächter aus.

«Oh, diese Dummköpfe halten mich wirklich für eine brave Bürgersfrau!» rief sie triumphierend.

Es war Carmen, so geschickt verkleidet, daß ich sie ohne diese aufklärenden Worte niemals wiedererkannt hätte. Sie sprang vom Maultier herab und begann alsbald, mit dem Dancaïre und Garcia leise zu verhandeln. Dann sagte sie zu mir:

«Kanarienvogel, bevor du gehenkt wirst, sehen wir uns noch einmal. Ich gehe in Geschäften nach Gibraltar. Ihr werdet bald von mir hören.»

Wir trennten uns, nachdem sie uns einen Ort gewiesen, der uns für einige Tage als Schlupfwinkel dienen konnte. Dieses Mädchen war wirklich unsere Vorsehung! Nach kurzer Frist erhielten wir von ihr etliches Geld und – was mehr wert war – die Ankündigung, daß, an einem bestimmten Tage und auf einem bestimmt bezeichneten Reisewege, zwei englische Lords sich von Gibraltar nach Granada begeben würden. Wir fanden uns pünktlich ein. Die beiden Englishmen führten jeder einen Beutel voll Goldmünzen mit sich. Garcia wollte sie niederschießen, aber der Dancaïre und ich widersetzten uns dieser Absicht. Wir nahmen ihnen nur das Geld, die Uhren sowie die – uns sehr willkommenen – Hemden.

Señor, zum Verbrecher wird man leicht! Ein hübsches Mädchen verdreht einem den Kopf; man schlägt sich für sie; es passiert ein Malheur; man muß in die Berge fliehen; und bald avanciert der Schmuggler zum Straßenräuber.

Nach der Mylord-Affäre erschien uns die Gegend von Gibraltar nicht mehr recht geheuer, und wir zogen landeinwärts der Sierra de Ronda zu. Von Carmen hörten wir nichts.

Der Dancaïre sagte:

«Einer von uns muß sich in Gibraltar nach ihr erkundigen. Sie wird dort inzwischen eine Sache eingefädelt haben. Ich ginge gern selbst, bin aber in diesem Nest allzusehr bekannt.»

Der Einäugige erklärte darauf, auch für ihn sei es nicht ratsam, hinzugehen, da er den dortigen englischen Rotröcken schon eine Menge böser Streiche gespielt habe und außerdem seine Einäugigkeit nur schwer verbergen könne.

«Soll ich hingehen?» fragte ich, ganz benommen von der Hoffnung auf ein Wiedersehen mit Carmen. «Sagt mir, was ich zu tun habe!»

Die beiden gaben mir folgende Weisungen:

«Nimm den Wasserweg oder geh über San Roque, wie es dir am sichersten erscheint. Wenn du in Gibraltar bist, so frag am Hafen nach der Wohnung der Schokoladenhändlerin Rollona. Von dieser erfährst du, was dort vorgeht.»

Wir beschlossen, gemeinsam nach der Sierra de Gaucin aufzubrechen, wo ich meine Gefährten verlassen sollte, um mich als Fruchthändler nach Gibraltar zu begeben. In Ronda hatte ein Mann, dem wir vertrauen konnten, einen Paß für mich besorgt, und in Gaucin bekam ich einen Esel. Ich belud ihn mit Orangen und Melonen und machte mich auf den Weg.

In Gibraltar angelangt, erfuhr ich, daß man dort die Rollona sehr gut gekannt habe, daß sie aber gestorben oder irgendwie verkommen sei. Ihr Verschwinden schien mir die Ursache des Aufhörens unserer Verbindung mit Carmen zu sein. Ich stellte meinen Esel in einen Stall und begann die Stadt zu durchforschen, scheinbar als Orangenverkäufer, in Wirklichkeit aber, um zu sehen, ob nicht irgendein bekanntes Gesicht in den Straßen auftauchen wolle. In Gibraltar kommt viel Gesindel aus aller Herren Ländern zusammen, es ist das reine Babel, man kann keine zehn Schritt gehen, ohne ebenso viele Sprachen zu vernehmen. Ich traf auch eine Menge Zigeuner, wagte aber nicht, ihnen meine Sache anzuvertrauen. So suchte man sich denn gegenseitig auszuhorchen, ahnte wohl auch die gemeinsame Verrufenheit, mußte es aber doch für fraglich halten, ob man zu einer und derselben Bande gehöre.

Nach zwei Tagen ermüdenden Umherziehens hatte ich immer noch nichts über die Rollona und Carmen erfahren können, und schon dachte ich daran, nach Erledigung einiger Einkäufe zu meinen Kameraden zurückzukehren, als ich, gegen Sonnenuntergang eine mir unbekannte Straße durchwandernd, vom Fenster eines Hauses eine weibliche Stimme rufen hörte:

«Orangenmann!»

Ich hob die Augen und erblickte Carmen. Sie lehnte sich an die Brüstung eines Balkons, und neben ihr stand ein Offizier in roter Uniform mit goldenen Epauletten, geschniegelt und gebügelt, offenbar ein vornehmer Herr. Und auch sie, die Carmen, war glänzend gekleidet: einen Shawl um die Schultern, einen goldenen Kamm im Haar, ganz in Seide. Und dieses Weibsstück lachte, daß sie sich die Seiten halten mußte!

Der Engländer rief mir in gebrochenem Spanisch zu, ich solle heraufkommen, die Señora wünsche Orangen zu kaufen. Carmen fügte auf baskisch hinzu:

«Komm herauf, und wundere dich über nichts.»

Wirklich, bei ihr durfte man über nichts erstaunt sein! ... Ich weiß nicht, ob ich mehr beglückt oder mehr gequält war durch dieses Wiedersehen. An der Tür stand ein englischer Lakai, hochgewachsen und gepudert, der mich in einen prachtvollen Salon führte. Carmen sagte auf baskisch zu mir:

«Du verstehst kein Wort spanisch! Und du kennst mich nicht!»

Dann, sich an den englischen Offizier wendend:

«Ich habe doch gleich gemerkt, daß er ein Baske ist! Sie werden hören, welch drollige Sprache er spricht! ... Und was für eine beschämte Miene er hat, nicht wahr? Ganz wie eine Katze, die sich in der Speisekammer hat erwischen lassen!»

«Und du», sagte ich zu ihr in meiner Heimatsprache, «du hast die Miene einer unverschämten Dirne, und ich hätte Lust, dir vor deinem Galan die Fratze zu vermöbeln!»

«Mein ‹Galan›!» erwiderte sie; «hast du das mit eigenem Köpfchen herausgefunden? ... Und auf diesen geleckten Idioten da bist du eifersüchtig?! Wirklich, du scheinst mir noch verrückter geworden zu sein als damals in der Laternengasse! Merkst du denn nicht, daß ich im jetzigen Augenblick für unser Geschäft arbeite, und zwar in ganz großartiger Weise? Dieses Haus gehört mir; auch das Geld dieses Narren wird mein eigen sein; ich führe ihn an der Nase herum; und bald werde ich ihn irgendwohin führen, von wo er niemals zurückkehren soll!»

«Und ich», antwortete ich, «ich werde dir diese feine Art, fürs ‹Geschäft› zu arbeiten, bald so gründlich versalzen, daß dir die Lust dazu auf ewig vergehen soll!»

«Oho! Bist du etwa mein Herr Gemahl, daß du mir Befehle zu erteilen hättest?! ... Der Einäugige ist entzückt über meine Arbeitsmethoden! Was hast du dich hineinzumischen? Könntest du nicht damit zufrieden sein, daß du der einzige Luxus bist, den ich mir in der Liebe gönne?!»

«Was sagt er?» fragte der Engländer.

«Er sagt, er habe großen Durst und möchte gern einen Schluck trinken», antwortete Carmen.

Und, laut aufkreischend vor Freude über ihre gelungene Übersetzung, warf sie sich auf ein Kanapee.

Señor, wenn dieses Weib lachte, dann mußte jeder mitlachen, ob er wollte oder nicht! Auch der lange Engländer tat es – in seiner spleenigen Art. Dann ließ er mir etwas zu trinken bringen.

Inzwischen sagte Carmen zu mir:

«Siehst du den Ring an seinem Finger? ... Den schenke ich dir, wenn du willst.»

Ich erwiderte:

«Ich will keinen Ring von deinem Mylord, aber ich gäbe etwas darum, wenn ich ihn einmal in den Bergen zu fassen kriegte, jeder eine maquila* in der Faust!»

«Maquila, was bedeutet das?» fragte der Engländer.

«Maquila», antwortete Carmen lachend, «das ist eine besondere Art von Orangen. Ist es nicht ein sehr komisches Wort? Er sagte, er möchte Ihnen gern eine zu kosten geben.»

«Gut!» sagte der Engländer. «So soll er morgen wiederkommen und maquilas mitbringen.»

Inzwischen war der Bediente erschienen und hatte gemeldet, das Nachtmahl sei bereit. Der Engländer erhob sich, gab mir einen Piaster und bot Carmen (als ob sie nicht allein hätte gehen können!) seinen Arm. Carmen, immer noch lachend, sagte zu mir:

«Mein Junge, zum Diner kann ich dich nicht einladen. Aber morgen, sobald du das Trommeln zur Parade hörst, komm mit deinen Orangen wieder her! Du sollst ein Ruhegemach finden, besser eingerichtet als das in der Laternengasse! Und du wirst sehen, ob ich immer noch deine Carmencita bin! Dann sprechen wir auch von unseren Zigeunergeschäften!»

Ich antwortete nichts. Als ich unten auf der Straße war, hörte ich den Engländer mir nachrufen:

«Nicht vergessen, morgen die maquilas zu bringen!»

Und Carmens Gelächter schallte hinterdrein.

In der Nacht fand ich keinen Schlaf, und als ich mich am Morgen erhob, fühlte ich mich so aufgebracht gegen dies verräterische Geschöpf, daß ich beschloß, Gibraltar zu verlassen, ohne Carmen noch einmal gesehen zu haben. Doch wie ich dann den Trommelwirbel hörte, war es mit aller Widerstandskraft vorbei: ich nahm meinen Orangenkorb und eilte zu Carmen. Ihr Fensterladen stand halb offen, und ich sah, wie ein großes schwarzes Auge nach meinem Kommen auslugte. Der gepuderte Diener ließ mich ohne weiteres eintreten. Carmen schickte ihn auf Kommissionen in die Stadt. Sowie

* Eisenbeschlagener Stock der Basken.

wir allein waren, warf sie sich mir wild an den Hals. Ich hatte sie niemals so schön gesehen. Geschmückt wie eine Madonna, duftend von Wohlgerüchen... Und seidene Möbel, gestickte Vorhänge... Und dabei ich in meinen elenden Lumpen!

«Mein Junge», sagte sie zu mir, «am liebsten möchte ich hier alles kurz und klein schlagen, das Haus anzünden und mich verflüchtigen in die Sierra!»

Oh, wie zärtlich sie an diesem Tage war!... Und wie sie lachte!... Und dann tanzte sie und zerriß und zerfetzte ihren ganzen Flitterkram. Wirklich, kein Affe hätte sich soviel Sprünge, Grimassen und Teufeleien ausdenken können!

Als sie endlich wieder Vernunft angenommen hatte, sagte sie zu mir:

«Hör zu, es handelt sich um Geschäfte. Er wird mich auf meinen Wunsch nach Ronda begleiten, wo ich eine Schwester im Kloster habe...» (Erneuter Ausbruch ihres fürchterlichen Lachens.) «Wir kommen an einer Stelle vorbei, die ich dir noch bezeichnen werde. Ihr fallt über ihn her und plündert ihn – ritze, ratze! – aus. Das beste wäre, ihn gleich niederzuknallen. Und» – fügte sie mit einem diabolischen Lächeln hinzu – «weißt du, wie man es machen müßte?! Der Einäugige muß als erster auf dem Platze erscheinen! Ihr anderen haltet euch noch etwas zurück! Denn der Rotrock ist tapfer und weiß mit seinen Pistolen umzugehen... Begreifst du?»

Dieser heimtückische Plan ließ mich erschauern.

«Nein!» erwiderte ich. «Ich hasse Garcia, aber er ist mein Kamerad! Eines Tages werde ich dich vielleicht von ihm befreien; aber ich werde mein Konto mit ihm so regeln, wie man es in meiner Heimat zu tun pflegt! Denn ein Zigeuner bin ich ja nur aus Zufall; in gewissen Dingen werde ich stets ein Navarrese bleiben!»

Sie erwiderte: «Ein Dummkopf wirst du stets bleiben und ein Maulheld! Du bist wie der Zwerg, der sich einbildet, wer weiß wie hochgewachsen zu sein, wenn er einmal weit gespuckt hat!... Du liebst mich nicht. Geh weg!»

Jedesmal, wenn sie solche Worte zu mir sagte, vermochte ich am allerwenigsten wegzugehen. Ich versprach jedoch, die Stadt zu verlassen, zu den Kameraden zurückzukehren und mit ihnen dem Engländer aufzulauern. Immerhin blieb ich noch zwei Tage in Gibraltar. Während dieser Zeit vollbrachte sie das Wagnis, verkleidet zu mir in die Herberge zu kommen. Nachdem Ort und Stunde des Überfalls auf den Engländer genau verabredet waren, brach ich auf. Aber ich hatte mir auch einen eigenen Plan zurechtgelegt.

Ich fand den Dancaïre und Garcia meiner wartend. Wir verbrachten die Nacht tief im Walde bei einem knisternden Feuer von Pinienzapfen. Ich machte Garcia den Vorschlag, Karten zu spielen. Er war einverstanden. Bei der zweiten Partie sagte ich ihm auf den Kopf zu, daß er betrüge. Er begann zu lachen. Ich schleuderte ihm die Karten ins Gesicht. Er wollte zu der Muskete greifen, die neben ihm im Grase lag. Ich trat mit dem Fuß darauf und sagte zu ihm:

«Man hat mir gesagt, im Messerkampfe fändest du nicht deinesgleichen. Komm und beweis es mir!»

Der Dancaïre versuchte uns zu trennen. Ich hatte Garcia zwei oder drei Faustschläge versetzt. Die Wut machte ihn kampflustig. Er zog sein Messer; ich das meine. Wir riefen dem Dancaïre zu, er solle uns unsere Sache ausfechten lassen nach allen Regeln der Kunst. Er sah ein, daß es vergeblich gewesen wäre, uns zurückhalten zu wollen, und trat beiseite. Garcia duckte sich wie eine Katze, die auf eine Maus losspringen will. In der linken Hand hielt er seinen Hut, um zu parieren, und das Messer nach vorn. Das ist eine andalusische Art der Deckung. Ich dagegen setzte mich in navarresische Positur, mit Front gerade gegen ihn, den linken Arm erhoben, das linke Bein vorgestellt, das Messer flach am rechten Oberschenkel. Ich fühlte mich stark wie ein Riese.

Pfeilschnell schoß Garcia auf mich los. Ich aber machte mit dem linken Fuß eine so plötzliche Wendung, daß sein Messer nichts mehr fand, wohin es hätte stoßen können. Ich traf ihn an der Gurgel, und das Messer drang so tief ein, daß meine Hand sich unter seinem Kinn befand. Ich drehte die Klinge mit solcher Gewalt um, daß sie zerbrach. Es war mit ihm zu Ende. Die Klinge sprang aus der Wunde, hervorgeschwemmt von einer armdicken Welle von Blut. Er fiel vornüber hin, steif wie ein Pfahl.

«Was hast du getan?» sagte Dancaïre.

«Hör zu!» antwortete ich. «Für uns beide war auf der Welt kein Platz. Ich liebe Carmen, und ich will der einzige sein, der sie lieben darf!... Übrigens war dieser Garcia ein niedriger Schuft! Erinnerst du dich, was er mit dem armen Remendado gemacht hat?... Jetzt sind wir nur noch zwei, aber wir sind wenigstens ehrliche Kerle! Willst du mich zum Freunde haben auf Leben und Tod?»

Der Dancaïre streckte mir die Hand hin. Er war ein Mann von fünfzig Jahren.

«Zum Teufel mit all diesen Liebesgeschichten!» rief er. «Wenn du die Carmen ganz einfach von ihm zu kaufen verlangt hättest, so hätte er sie dir für einen Piaster gern abgetreten! – Ja, wir sind jetzt nur noch zwei. Und wie wollen wir es morgen mit dem Engländer machen?»

«Laß mich die Sache ganz allein in Ordnung bringen!» antwortete ich. «Jetzt nehm' ich's mit der ganzen Welt auf!»

Wir begruben Garcia und lagerten uns zweihundert Schritte weiter hin.

Am folgenden Tage erschienen, programmgemäß, Carmen und ihr Engländer, begleitet von zwei Maultiertreibern und einem Diener. Ich sagte zum Dancaïre:

«Den Engländer nehm' ich auf meine Kappe. Jag du den anderen nur einen heilsamen Schrecken ein: sie sind ganz unbewaffnet.»

Der Engländer war ein tapferer Mann. Wenn Carmen seinen Arm nicht zurückgerissen hätte, so würde er mich niedergeschossen haben.

Kurz: an diesem Tage eroberte ich mir Carmen zurück; und das erste Wort, das ich zu ihr sprach, war:

«Du bist Witwe!»

Nachdem sie sich hatte erzählen lassen, wie die Sache verlaufen war, sagte sie zu mir:

«Du wirst uns immer fremd bleiben! Wenn alles nach Zigeunersinn zugegangen wäre, so hättest du dem Garcia rettungslos verfallen müssen, denn deine Navarra-Finten sind nichts als Kindereien, und Garcia hat geschicktere Kämpfer ins Jenseits befördert, als dich! Aber seine Zeit war gekommen – daran lag es! ... Die deine kommt auch.»

«Und die deine», ergänzte ich, «falls du mir nicht treu bleibst.»

«Mir soll's recht sein!» sagte sie. «Mehr als einmal hab' ich im Kaffeesatz gelesen, daß unsere Liebe für uns beide das Ende bedeute. Bah! ... Mag kommen, was da wolle!»

Und sie klapperte mit den Kastagnetten, wie sie es immer tat, wenn sie einen lästigen Gedanken vertreiben wollte.

Wenn man von sich selber spricht, Señor, wird man leicht weitschweifig. Gewiß langweile ich Sie mit all diesen Einzelheiten; aber ich bin bald am Ende. Das Dasein, wie es sich nun entspann, war von ziemlich langer Dauer. Der Dancaïre und ich hatten uns mit einigen neuen Kameraden zusammengetan, die zuverlässiger waren als die früheren. Unsere gewöhnliche Beschäftigung war der Schmuggel. Nur im äußersten Notfall, wenn wir uns gar nicht anders zu helfen wußten, entschlossen wir uns zum Straßenraub. Niemals aber mißhandelten wir die Überfallenen, sondern begnügten uns damit, ihnen Geld und Schmucksachen abzunehmen.

Mehrere Monate lang konnte ich mit Carmen zufrieden sein. Nach wie vor bewährte sie sich als Kundschafterin und vermittelte uns manche gute Gelegenheit. Sie mußte sich viel in den Städten aufhalten; besonders Malaga, Cordova, Granada waren die Felder ihres Spürsinnes. Stets aber bedurfte es nur eines Wortes von mir, um sie zu bewegen, alles im Stich zu lassen und mit mir in irgendeiner einsamen Schenke oder auch an einem Lagerfeuer zusammenzutreffen.

Ein einziges Mal – es war in Malaga – gab sie mir Anlaß zur Beunruhigung. Es war mir berichtet worden, daß sie ihr Augenmerk auf einen reichen Kaufmann geworfen habe, mit dem sie wohl das Spiel von Gibraltar zu wiederholen gedachte. Trotz aller Abmahnungen des Dancaïre brach ich auf, wagte mich bei hellem Tage mitten in die Stadt, entdeckte Carmen und zwang sie, mir unverzüglich zu folgen.

Wir hatten eine heftige Auseinandersetzung.

«Weißt du», sagte sie zu mir: «seitdem du mein richtiger Mann bist, lieb' ich dich weniger als damals, wo du mein Geliebter warst! Ich wünsche von niemandem kommandiert oder belästigt zu werden! Ich will frei sein und tun und lassen können, was mir beliebt! Treib mich nicht zum Äußersten! Sonst würde es mir nicht schwerfallen, einen tüchtigen Jungen zu finden, der dir täte, was du dem Einauge getan hast!»

Der Dancaïre brachte eine Art Versöhnung zustande. Aber wir hatten einander Dinge gesagt, die im Herzen haften blieben, und es war nicht mehr so wie früher. Bald darauf brach großes Unheil über uns herein. Wir wurden von einem Trupp Soldaten überfallen. Der Dancaïre wurde getötet, ebenso zwei Kameraden; zwei andere wurden gefangengenommen. Ich selbst erlitt eine schwere Verwundung, und hätte ich mein gutes Roß nicht gehabt, so wäre auch ich in die Hände der Soldaten gefallen. Zu Tode erschöpft, mit einer Kugel im Leib, verbarg ich mich im Walde – zusammen mit dem einzigen Gefährten, der mir geblieben war. Kaum war ich vom Pferde herunter, da sank ich in tiefe Ohnmacht, und mein Kamerad glaubte, daß ich hier im Gebüsch krepieren würde wie ein angeschossener Hase.

Der gute Kerl trug mich in eine Höhle, die uns bekannt war. Dann machte er sich auf nach Granada, um Carmen zu holen. Sie kam in aller Hast. Vierzehn Tage lang verließ sie mich nicht eine Minute. Sie schloß kein Auge und pflegte mich mit einer Geschicklichkeit und einer Sorglichkeit, wie nie eine Frau es getan hat für den geliebtesten Mann. Sobald ich mich wieder auf den Beinen halten konnte, führte sie mich auf Schleichwegen nach Granada. Zigeunerinnen kennen überall sichere

Zufluchtsorte, und so verbrachte ich denn mehr als sechs Wochen in einem Hause, das in unmittelbarer Nähe der Wohnung des Corregidor lag, der nach mir fahndete. Durch einen Spalt im Fensterladen sah ich ihn manchmal vorbeikommen.

Endlich war ich ganz wiederhergestellt. Aber das Krankenlager hatte mir allerlei Ideen eingegeben, und ich beschloß, ein neues Leben zu beginnen. ich sprach zu Carmen von dem Gedanken, Spanien zu verlassen und in der Neuen Welt eine ehrbare Existenz zu begründen. Sie nahm meinen Plan mit Hohngelächter auf.

«Zum Kohlbauen sind wir nicht geschaffen», sagte sie; «unsere Bestimmung ist, auf Kosten der ‹rechtschaffenen› Leute zu leben! ... Hör zu: ich hab' ein Geschäft mit Nathan-Ben-Joseph in Gibraltar verabredet. Er hat Baumwollwaren, die nur auf dich warten, um durchzuschlüpfen. Er weiß, daß du wieder arbeitsfähig bist. Er rechnet auf dich. Was würden unsere Geschäftsfreunde in Gibraltar sagen, wenn wir unser Wort nicht unverbrüchlich hielten?»

Ich ließ mich bereden und nahm mein schlimmes Handwerk wieder auf.

Während der Zeit meines verborgenen Aufenthaltes in Granada fanden dort Stiergefechte statt. Carmen ging hin. Als sie zurückkam, sprach sie viel von einem Picador namens Lucas und rühmte seine große Geschicklichkeit. Sie kannte auch den Namen seines Pferdes und wußte, wieviel sein gesticktes Wams gekostet hatte. Ich achtete nicht weiter darauf.

Ein paar Tage später erzählte mir Juanito – das war der Name des Kameraden, der mich gerettet hatte und mir als einziger geblieben war –, er habe Carmen in Gesellschaft jenes Lucas in einem Kaufladen der Stadt gesehen. Das machte mich stutzig, und ich fragte Carmen, wie und in welcher Absicht sie die Bekanntschaft des Picador gemacht habe.

«Das ist ein Bursche», antwortete sie, «mit dem sich ein Geschäft machen ließe! Er hat als Stierkämpfer eintausend und zweihundert Reale verdient. Somit gibt es für uns zwei Möglichkeiten: entweder nehmen wir ihm dieses Geld ab; oder er muß – da er ein guter Reiter und ein beherzter Junge ist – in unsere Bande eintreten! Es sind uns letzthin so viele Leute getötet worden, und wir brauchen Ersatz! Nimm ihn als Kameraden auf!»

«Ich will weder sein Geld noch seine Kameradschaft», entgegnete ich, «und ich verbiete dir, mit ihm zu sprechen!»

«Sei auf deiner Hut!» sagte Carmen. «Wenn man mir etwas verbietet, so lockt es mich um so mehr!»

Glücklicherweise führten anderweitige Verpflichtungen den Picador nach Malaga; und ich meinerseits machte mich ans Werk, die Baumwolle des Juden zollfrei einzuschmuggeln. Dieses Unternehmen erforderte viel Zeit und Mühe von Carmen und von mir. Darüber vergaß ich den Picador. Vielleicht vergaß auch Carmen ihn, wenigstens für eine Weile.

Es war um diese Zeit, Señor, daß ich Ihnen begegnete. Wir trafen uns an der Quelle in der Gegend von Montilla und sahen uns später in Cordova wieder. Bei diesem zweiten Zusammensein stahl Carmen Ihnen die Uhr. Sie hätte gern auch Ihr Geld genommen und besonders den Siegelring, den Sie am Finger tragen, und der – so behauptete sie – ein Zauberring sei, mit dem man große Wunder vollbringen könne. Wir gerieten darüber in heftigen Streit, und ich schlug Carmen. Sie wurde bleich wie der Tod und weinte. Es war das erste Mal, daß ich sie weinen sah: es machte mich fassungslos. Ich bat sie, mir zu verzeihen; aber sie sprach den ganzen Tag kein Wort mehr zu mir, und als ich nach Montilla aufbrechen mußte, wollte sie mir keinen Kuß geben.

Mit schwerem Herzen hockte ich in meinem einsamen Versteck. Aber es vergingen keine drei Tage, da erschien plötzlich Carmen, mit lachender Miene und heiter wie eine Lerche. Alles Böse schien vergessen zu sein; man hätte uns für Neuvermählte halten können.

Beim Abschied sagte sie zu mir:

«In Cordova ist ein Fest. Ich will hin. Ich werde die Leute ausfindig machen, die mit viel Geld von dort abreisen, und ich werde dir berichten.»

Ich ließ sie ziehen. Als ich wieder allein war, überlegte ich mir, was es wohl für eine Bewandtnis haben möge mit diesem Fest und mit Carmens so merkwürdig verwandelter Laune.

Gewiß hat sie sich schon an mir gerächt! dachte ich, sonst wäre sie nicht so scheinheilig aus freien Stücken hergekommen!

Ein Bauer sagte mir, in Cordova fänden Stiergefechte statt. Da brandete mir das Blut; in wilder Ungeduld machte ich mich auf den Weg, und schon war ich an Ort und Stelle. Man zeigte mir den Picador Lucas, und auf der Bank unmittelbar vor der Schranke sah ich Carmen. Ein Blick genügte mir, um meiner Sache sicher zu sein. Von Beginn des Kampfes an spielte Lucas den Galanten, ganz wie ich es mir gedacht hatte. Er riß dem Stier die bunte Schleife ab und überreichte sie Carmen, die sie in ihr Haar steckte. Aber ebendieser Stier sollte mein Rächer werden. Lucas wurde zu Boden geschleudert, das Pferd fiel über ihn hin, und der Stier über beide. Ich sah Carmen: sie war schon nicht mehr auf ihrem

Platze. Den meinen zu verlassen, war unmöglich: ich mußte bis zum Ende der Kämpfe ausharren. Dann ging ich in das Haus, das Sie kennen, und wartete dort den ganzen Abend und einen Teil der Nacht. Gegen zwei Uhr früh erschien Carmen und war etwas überrascht, mich zu sehen.

«Komm mit mir!» sagte ich zu ihr.

«Gut», sagte sie. «Gehen wir!»

Ich holte mein Pferd, hob sie hintenauf, und so ritten wir bis zum Morgengrauen, ohne ein Wort zu sprechen. Dann, beim ersten Strahl der Sonne, machten wir bei einer entlegenen Schenke halt. Nicht weit davon befand sich eine Einsiedelei.

Ich sagte zu Carmen:

«Hör zu! Alles sei vergessen! Nie werde ich irgend etwas erwähnen! Nur das eine mußt du mir schwören: daß du mit mir nach Amerika gehen, und daß du dort Vernunft annehmen willst!»

«Nein!» sagte sie trotzigen Tones. «Ich will nicht nach Amerika. Es gefällt mir hier sehr gut.»

«Weil du in der Nähe von Lucas bleiben willst, wie? Aber gib acht: wenn er wieder gesund wird – alt werden soll er nicht! ... Doch weshalb mich an ihn halten?! Es beginnt mich zu langweilen, alle deine Liebhaber zu töten; bald kommst du selbst an die Reihe!»

Sie starrte mich mit ihren Raubtieraugen an und sagte: «Ich habe immer gewußt, daß du mich töten würdest. An dem Tage, wo ich dich zum erstenmal gesehen, war mir ein Priester begegnet beim Weggehen von meinem Hause. Und heute nacht, als wir Cordova hinter uns hatten, ist uns ein Hase quer über den Weg gelaufen, mitten zwischen den Beinen des Pferdes hindurch. Hast du es nicht gesehen? ... Das sind Zeichen dessen, was kommen wird.»

«Carmencita», sagte ich, «liebst du mich nicht mehr?»

Sie antwortete nichts. Sie saß mit gekreuzten Beinen auf einer Matte und zeichnete mit den Fingern Striche auf den staubigen Boden.

«Laß uns ein neues Leben beginnen, Carmen!» sagte ich in flehendem Ton. «Laß uns irgendwo leben, wo wir uns nie mehr zu trennen brauchen! Du weißt: unter einer Eiche, unweit von hier, haben wir einhundertzwanzig Unzen Goldes vergraben. Und wir haben auch noch Geld bei dem Juden Ben-Joseph in Aufbewahrung.»

Lächelnd sagte sie:

«Erst ich; dann du! ... Ich weiß, daß es so kommen muß.»

«Überleg es dir gut!» erwiderte ich. «Meine Geduld ist zu Ende und desgleichen meine Zuversicht. Entschließe dich, oder es wird zu spät.»

Ich ließ sie allein und ging auf die Einsiedelei zu. Ich fand den Eremiten im Gebet und wartete. Wie gerne hätte ich selber gebetet, wenn ich es vermocht hätte! Als der fromme Mann sich erhob, trat ich auf ihn zu.

«Mein Vater», redete ich ihn an, «wollt Ihr für jemanden beten, der in großer Gefahr ist?»

«Ich bete für alle, die in Angst und Not sind», antwortete er.

«Könntet Ihr eine Messe lesen für eine Seele, die vielleicht bald vor ihrem Schöpfer erscheinen wird?»

«Ja», antwortete er, mir fest ins Auge sehend.

Und da ihm mein Wesen wohl absonderlich erscheinen mochte, so schien er mich zum Sprechen bewegen zu wollen.

«Es kommt mir vor, als ob ich Euch schon einmal gesehen hätte», sagte er.

Ich warf einen Piaster auf die Bank.

«Wann werdet Ihr die Messe lesen?» fragte ich.

«In einer halben Stunde. Der Sohn des Wirtes soll dabei ministrieren. – Aber sagt mir doch, junger Mann, habt Ihr vielleicht etwas auf dem Gewissen, das Euch quält? Wünscht Ihr irgendwelchen christlichen Rat zu empfangen?»

Ich fühlte mich dem Weinen nahe und antwortete, ich würde bald wiederkommen. In einiger Entfernung von der Kapelle warf ich mich ins Gras, um auf das Ertönen der Glocke zu warten. Wie ich die Klänge vernahm, näherte ich mich abermals der Einsiedelei, blieb jedoch außerhalb der Kapelle stehen. Als die Messe beendet war, kehrte ich in die Schenke zurück.

Ich hatte gehofft, daß Carmen inzwischen entflohen sei; sie hätte nur mein Pferd zu nehmen und davonzureiten brauchen ... Aber sie war dageblieben. Sie würde es nicht ertragen haben, daß ich sie für furchtsam gehalten hätte! Während meiner Abwesenheit hatte sie den Saum ihres Kleides aufgetrennt und das Blei herausgenommen. Dann hatte sie dieses geschmolzen und in eine hölzerne Schale mit Wasser geschüttet. Ich fand sie am Tische sitzen; sie betrachtete aufmerksam die sonderbaren Formen des Metalles. So inbrünstig war sie in ihre Magie versunken, daß sie mein Kommen völlig unbeachtet ließ. Bald fischte sie ein grotesk aussehendes Stück Blei aus der Schüssel und wandte es traurig nach allen Seiten um, bald sang sie eines jener Zauberlieder, in denen Maria Padilla angerufen wird, die Geliebte des Königs Don Pedro, die die heimliche Königin der Zigeuner gewesen sein soll.

«Carmen», sagte ich zu ihr, «willst du mitkommen?»

Sie erhob sich, warf die Schale mit dem Blei zu Boden und nahm ihre Mantilla über den Kopf. Das Pferd wurde gebracht, sie setzte sich hintenauf, und wir ritten von dannen.

«Also», sagte ich nach einer Weile zu ihr, «du bist bereit, mir zu folgen, nicht wahr?»

«Ich folge dir in den Tod, ja; aber leben will ich nicht mit dir.»

Wir waren in eine einsame Schlucht gelangt. Ich brachte das Pferd zum Stehen.

«Ist es hier?» fragte sie.

Schon war sie vom Pferde herunter. Sie riß die Mantilla ab, warf sie zu Boden und stand unbeweglich da, eine Hand auf die Hüfte gestemmt, mich starr anblickend.

«Du willst mich töten, ich sehe es», sagte sie. «In den Sternen steht es geschrieben; aber zum Nachgeben bringst du mich nicht!»

«Ich flehe dich an», sagte ich, «sei vernünftig! Hör auf mich! Alles Vergangene soll vergessen sein. Gleichwohl bist du es gewesen, die mich zugrunde gerichtet hat; um deinetwillen bin ich zum Räuber und Mörder geworden. Carmen, geliebte Carmen, willige ein, daß ich dich rette und daß ich mich mit dir rette!»

«José», antwortete sie, «du verlangst Unmögliches. Ich liebe dich nicht mehr. Du aber liebst mich noch – und das ist der Grund, weshalb du mich töten willst. Wohl könnte ich noch irgendwelche Lügen erfinden; aber es ist mir nicht mehr der Mühe wert. Alles ist zu Ende. Als mein richtiger Mann hast du ein Recht, mich zu töten. Aber Carmen verzichtet nicht auf ihre Freiheit! Zigeunerin war sie im Leben und Zigeunerin bleibt sie im Tode!»

«Du liebst also den Lucas?» fragte ich.

«Ja, ich hab' ihn geliebt, wie früher dich – einen Augenblick lang; vielleicht weniger stark als dich. Jetzt liebe ich nichts mehr; aber ich hasse mich selbst, weil ich dich geliebt habe!»

Ich warf mich ihr zu Füßen, ich ergriff ihre Hände und netzte sie mit meinen Tränen. Ich rief ihr alles Glück, das uns beschieden gewesen, ins Gedächtnis zurück. Ich erklärte mich bereit, ihr zuliebe ein Räuber zu bleiben. Alles, Señor, alles sollte nach ihrem Willen geschehen, wenn sie mir ihre Liebe wieder zuwenden wollte!

Sie antwortete:

«Dich noch zu lieben, ist unmöglich. Und ohne Liebe mit dir leben will ich nicht.»

Da packte mich die Wut. Ich zog mein Messer. Ich hoffte, daß sie Angst bekäme und mich um Gnade bäte; aber dieses Weib war ein Dämon.

«Ich frage dich ein letztes Mal», sagte ich: «willst du bei mir bleiben?»

«Nein! Nein! Nein!» erwiderte sie, mit dem Fuße aufstampfend.

Und sie zog den Ring, den ich ihr einst gegeben, vom Finger und warf ihn tief in die Büsche.

Ich stieß zweimal zu. Es war das Messer des Einäugigen, das ich genommen hatte, als das meinige zerbrochen war. Beim zweiten Stoß sank sie zu Boden. Sie schrie nicht. Starr sahen ihre großen, schwarzen Augen mich an; dann wurden sie trübe und schlossen sich. Lange stand ich regungslos vor der Toten. Ich dachte daran, daß Carmen mir öfter gesagt hatte, sie wünsche in einem Walde begraben zu sein. Ich grub ihr mit dem Messer ein Grab und legte sie hinein. Ich suchte nach dem Ring. Endlich fand ich ihn. Ich legte ihn neben sie ins Grab – und dazu ein kleines Kreuz. Das war vielleicht nicht recht getan.

Darauf stieg ich aufs Pferd und ritt im Galopp nach Cordova. Dem ersten Wachtposten gab ich mich zu erkennen. Ich sagte, daß ich Carmen getötet hätte. Aber wo die Tote sich befand, das habe ich nicht gesagt. Der Einsiedler war ein heiliger Mann. Er hat für sie gebetet! Er hat eine Messe gelesen für das Heil ihrer Seele...

Armes Kind!... Die Zigeuner sind schuld: sie waren es, die ihr Wesen so geprägt haben.

Tanzende Zigeunerin. Stich von G. Doré aus dem Buch «Reisen durch Spanien» des Barons Charles Davillier.

Diego Galán: «Carmen» – eine lange Reise durch die Welt des Films

Die komplizierten Gesetze, die in Frankreich geistiges Eigentum schützen, haben bewirkt, daß *Carmen* erst ein Jahrhundert nach der Uraufführung am 3. März 1875 Gemeingut wurde. Zwar sind Urheberrechte nur fünfzig Jahre lang geschützt, aber diese Frist beginnt erst mit dem Tod des letzten Mitarbeiters an einem Werk.

Der Schriftsteller Prosper Mérimée starb 1870, fünf Jahre vor dem Komponisten Bizet, den mit 37 Jahren, kurz nach der Premiere seiner Oper, der Tod ereilte. Aber die Librettisten Henri Meilhac und Ludovic Halévy, gewissermaßen die armen Verwandten der erfolgreichen *Carmen*, lebten noch lange, so daß die Urheberrechte an der Oper erst vor einem Jahrzehnt erloschen sind.

Seitdem ist das Werk nicht nur zahllose Male aufgeführt worden, sondern es entstanden auch sehr unterschiedliche Neubearbeitungen des Stoffes. Bühnenautoren, Choreographen, Drehbuchschreiber und Regisseure – sie alle ergriffen die Gelegenheit, ihre sehr persönliche Sicht der zu einem Mythos gewordenen Carmen darzulegen, jener erregenden, gefährlichen Frau und glutvollen Geliebten, die um sich Tod und Verderben verbreitet. Diese Carmen ist frei, aber gerade ihre Freiheit bleibt nicht ohne Folgen für die Männer ihrer Umgebung, denn sie sind dazu erzogen, eine solche Freiheit nicht zu dulden.

Die vielen (männlichen) Filmemacher, die sich bis zum heutigen Tag an den Stoff herangetraut haben, taten dies gewiß nicht nur in Erwartung eines finanziellen Erfolges, sondern sie wollten wohl auch aus der Sichtweise der eigenen Zeit heraus Reflexionen darüber anstellen, welche Rolle sie selbst im Rahmen des Freiheitskampfes der Frauen spielten. Solche von Männern gemachte Filme haben in der Geschichte des Kinos schon immer eine Entwicklung widergespiegelt, zu der die einzelnen Regisseure zwar auf sehr persönliche Weise beigetragen haben, die andererseits jedoch auch den Soziologen Material für hochinteressante Untersuchungen liefert. Im Jahre 1907, also ein gutes Jahrzehnt nach Erfindung des Kinematographen, wurde in den USA schon die erste *Carmen* gedreht. Der Regisseur hieß Francis Boggs, und das gesamte belichtete Filmmaterial paßte auf eine einzige Rolle. Die Hauptdarstellerin war eine Unbekannte, die nach dieser filmischen Pioniertat offenbar für immer in der Versenkung verschwand. Zwei Jahre danach entstand die erste spanische Version: *Carmen o la hija del bandido* (Carmen oder die Tochter des Banditen) mit Angelina Vilar, unter der Regie von Ricardo Baños und Alberto Marro. Damit ist der sonst so sachkundige und informative Herman G. Weinberg widerlegt, der in seinem Buch *The Lubitsch Touch* auch zu dem von Lubitsch im Jahr 1918 gedrehten *Carmen*-Film Stellung nimmt und dabei bedauert, daß es damals noch keine spanischen Verfilmungen des Stoffes gab. Doch das ist ein

Ricardo Baños (ein Pionier) bei den Dreharbeiten.

ganz anderes Thema. Der Historiker Emilio Sanz de Soto hat mehr als fünfzig Kinofassungen von Mérimées Novelle aufgelistet. Ich will der Reihe nach einige Worte zu ihnen sagen.

Die Tatsache, daß sich Film- und Theaterleute immer wieder von *Carmen* inspirieren ließen, scheint geradezu paradox, wenn man an die Uraufführung der Oper zurückdenkt: Sie wurde zu einer so schrecklichen Katastrophe, zu einem so schmerzlichen Schlag, daß sich Bizet nie davon erholte, sondern wenige Monate später starb. So will es zumindest die Theaterlegende. Erst die zweite Aufführung in Wien brachte den Durchbruch. Das Publikum feierte das Werk mit einer Begeisterung, die seither nicht nachgelassen hat.

Carmen ist jedoch eigentlich kein Geschöpf der Opernbühne: Prosper Mérimées Novelle war schon 1845 erschienen. Aus ihr schöpft der Mythos seine Kraft, von ihr ließen sich die zahlreichen Bearbeiter dieses Stoffes inspirieren, denn sie wird als die eigentliche Herausforderung empfunden.

Carmen wird als eine blendende Schönheit beschrieben: «Ihre Haare, vielleicht ein wenig grob, erglühten in tiefem Schwarz, durchschimmert von den blauen Reflexen des Rabengefieders.» Sie hat «Wolfsaugen» bzw. «Zigeuneraugen» und entflammt die Männer für sich mit tierhafter, unbezähmbarer Gewalt. Kein Zweifel, Mérimée sah diese Frauengestalt durch die Brille des Machismo, was jedoch nicht heißen soll, daß er selbst gegen die beunruhigende Anziehungskraft eines solchen Wesens gefeit gewesen wäre. Dem Buch stellt er eine griechische Sentenz voran, die an seiner eigenen Haltung nichts zu deuten läßt: «Zweimal taugt eine Frau – für die mich Gott bewahre! –; / Einmal im Hochzeitsbett und einmal auf der Bahre.» Welch grauenhafter Unfug! Diese Zigeunerin, die in einer Tabakfabrik arbeitet, verdreht einem Soldaten aus Navarra den Kopf, als er sie festnimmt, nachdem sie eine andere Arbeiterin mit dem Messer schwer verletzt hat. Der improvisierte «Ordnungshüter» kann jedoch der Bitte der Zigeunerin, sie freizulassen, nicht widerstehen und muß dafür selbst in den Kerker. Als Carmen später ihre Dankesschuld begleicht, ist das Schicksal des Don José – so heißt der Soldat – eigentlich schon besiegelt. Eine böse Tat zieht die nächste nach sich: Von seiner Liebe zu Carmen geblendet, verlegt sich der junge Mann aufs Rauben und Morden. Er begreift nicht, daß gerade ihr freies, unbändiges Wesen, das er so sehr an ihr liebt, sie dazu verleiten muß, ihn zu verlassen und sich einem anderen Mann zuzuwenden. Doch auch von diesem, einem Torero, läßt sie sich nur für kurze Zeit umgarnen. Er ist ihr ein willkommener Vorwand, um einer dauerhaften Bindung an den eifersüchtigen Don José auszuweichen. Carmen «schaut wohin sie mag», sie kann den Männern nicht mit Sicherheit sagen, «ob sie sie jemals lieben wird», aber sie kokettiert mit allen. Sie lacht, singt und tanzt, wie es sich keine andere Frau zutraut.

Als José sie, von Eifersucht verzehrt, tötet und sich anschließend der Justiz stellt, findet die Tragödie ihren Abschluß: Carmen hat José vernichtet, aber auch sie muß untergehen, denn in der Zeit, in der Mérimée die Handlung seiner Novelle spielen läßt, ist eine Frau wie sie eine Gefahr für die Allgemeinheit, eine Bedrohung für Spaniens starres Gesellschaftssystem.

Carmen – ein armer Vamp

Ob nun alle Schilderungen minutiös mit den tatsächlichen Verhältnissen jener Zeit übereinstimmen oder nicht – fest steht, daß Mérimée sehr treffend die konservative Moral eines Landes beschrieben hat, in dem die Freiheit einer Frau wie Carmen noch aufsehenerregender und umstürzlerischer erscheinen mußte als in anderen europäischen Ländern. Darüber hinaus ist Mérimées *femme fatale* von ärmlicher Herkunft – eine radikale Neuerung, wenn man an andere mythisch verbrämte Frauengestalten denkt, die sich souverän über die Vorschriften ihrer eigenen Zeit hinwegsetzten. Es hatte schon fast den Charakter einer revolutionären Tat, daß Mérimée diesen Hang zur Freigeisterei nun einer Frau aus der *Arbeiterklasse* zuschrieb, denn traditionell werden dieser Gesellschaftsschicht die sogenannten «moralischen Prinzipien» mit besonderer Strenge aufgezwungen. Mérimée, der sich bei Hofe der Gunst Napoleons III. erfreute, dieser Schürzenjäger und Lebemann, muß sich wegen seines Streichs ganz schön ins Fäustchen gelacht haben. Gleichzeitig bestärkte er sich wohl selbst in der Überzeugung, daß Frauen wegen ihres Verhältnisses zur Liebe eine Gefahr darstellen; zumindest hat er sich eine Sublimierung der Haßliebe gegönnt, die er dem weiblichen Geschlecht entgegenbrachte.

In gesellschaftlicher Hinsicht war das Spanien jener Zeit von einem stark gewerblich-industriellen Geist geprägt, besonders natürlich Katalonien, die Biskaya-Provinzen und Asturien. Der südliche Teil des Landes, also auch Carmens Heimatstadt Sevilla, wurde von dem wirtschaftlichen Aufschwung nicht berührt. Deshalb mußte das Bild einer Frau, die sich lachend und frei dem Vergnügen hingibt, doppelt extravagant erscheinen. Entsprechend der Logik des Geldes hätte eigentlich gerade die Armut sie zu sittsamer Unterwerfung zwingen müssen.

Es ist wiederholt die Vermutung geäußert worden, Mérimée habe seiner Novelle eine kleine Geschichte zugrunde gelegt, die sich tatsächlich in Spanien zugetragen hatte. Mit Sicherheit kann gesagt werden, daß er sich von der Legende einer spezifisch spanischen Sexualität verführen ließ. Im Gegensatz zu den recht frivolen und leichtsinnigen Beziehungen zwischen den Geschlechtern, wie sie in Frankreich üblich waren, hat die spanische Literatur eher den Mythos einer leidenschaftlichen Sexualität kultiviert, die meistens in einer Bluttat gipfelt.

Der «Liebestod» oder – anders ausgedrückt – die Fähigkeit zur Leidenschaft muß für Mérimée bei der Wahl des Ortes ausschlaggebend gewesen sein. Eduardo Haro Tecglen greift in seiner Studie über *Carmen* («Voilà la Carmencita!», El Pais, 16. März 1984) auf die *Celestina* und den *Don Juan* zurück, um seine Sicht des Carmen-Mythos zu belegen: «Nachdem man sich erst einmal einen Überblick über die Entwicklung des Mythos verschafft hat, könnte man versuchen, die einzelnen Rollen der Frau chronologisch darzustellen: Sie ist die gefesselte Melibea und als solche ihren Eltern, der Gesellschaft und den Manipulationen der Celestina gleichermaßen als Objekt ausgeliefert. Im *Don Juan* steht das Wort *Frau* stellvertretend für Kollektiv, Gattung, Weiblichkeit, deren Mysterium der sogenannte ‹Verführer› zu ergründen trachtet. Am Ende befördert ihn jedoch die kalte Hand des Komturs in den Abgrund. Carmen hingegen ist die freie Frau, eine *Doña Juana*. Mancher Vers, den sie in der Oper singt, würde auch zu Don Juan passen: ‹L'amour est un oiseau rebelle / que nul ne peut apprivoiser...› (Ja, die Liebe hat bunte Flügel, solch einen Vogel zähmt man schwer...). Auch Carmen wird Opfer der schicksalhaften Gewalten, die sie selbst entfesselt.»

Die Übertragung des Mythos von der spanischen Leidenschaftlichkeit auf eine Frau, im Gegensatz zum Machismo des Don Juan, war also die Grundidee der Novelle. Trotzdem ist sie insgesamt nicht weniger machistisch als Tirso de Molinas und – später – Zorrillas *Don Juan*.

Die Liebe vermag jedenfalls in Carmen ein spontanes Feuer zu entzünden, dessen wohl selbst die exaltierteste Hofdame in Frankreich nicht fähig gewesen wäre. Carmen schöpft in ihrer Vitalität aus der Kraft des Natürlichen, des Unmittelbaren, des Lebendigen, aus einer Kraft also, die in Wildheit umschlagen kann. Diese Carmen ist imstande, Liebe gegen Geld einzutauschen, ohne deshalb jedoch weniger aufrichtig zu sein: Bei ihr nährt sich die Hitze ihres Blutes aus jedem Atemzug, sie ist stets hellwach und voller Gier. Sie kann zynisch sein, aber niemals kalt.

In der Oper wurden einige dieser Wesenszüge abgeschwächt, denn der Freizügigkeit waren in jener Zeit engere Grenzen gesteckt. Auch in den vielen Filmen, die später über sie gedreht wurden, fiel Carmen unterschiedlich «heiß» oder «kalt» aus. Ihr aufsehenerregendes Leben mußte ebenso zur moralischen Erbauung wie zu Darbietungen vulgärer Erotik herhalten. Über *Carmen* zu schreiben und ein weiteres Mal die Geschichte des Werkes zu erzählen, ist sicherlich eine der besten Methoden, um sich die Besonderheiten der vielen Bearbeitungen des Stoffes und ihrer Autoren zu vergegenwärtigen. Auf diese Weise lernt man auch zu ermessen, wieviel Gewicht manche kollektiven Zwänge und Dränge zu verschiedenen Zeiten hatten.

In den mehr als fünfzig Filmen über Carmen, die Sanz de Soto auf seiner Liste nennt, vagabundiert die Hauptdarstellerin durch verschiedene Epochen, Länder und Berufe. Auch ihr Alter variiert, und sie verkörpert das eine oder andere Schönheitsideal. Längst ist sie zu einer jener mythischen Frauengestalten geworden, an denen sich die Phantasie vieler Männer entzündet. Im Lauf der Jahre wurde sie immer weiter ausgeschmückt, und wir alle haben mit unseren Träumen ihr jetziges Gesicht geprägt. Von den ersten beiden Filmen, die ich schon an anderer Stelle erwähnt habe und die in Los Angeles bzw. Barcelona gedreht wurden, existieren keine Kopien. Möglicherweise ist sogar auch der dritte verschollen, eine französische Produktion. Er galt als *film d'art*, vielleicht wegen der aufwendigen Szenen in den Straßen von Sevilla, die alles bisher Dagewesene in den Schatten stellten. Nie wird es möglich sein, eine ernstzunehmende Interpretation jenes Bereiches der Filmgeschichte zu liefern, der sich *Carmen* zum Gegenstand genommen hat. Unglücklicherweise begann man der Filmkunst erst dann historische Aussagekraft beizumessen, als sie die Hälfte ihrer bisherigen Geschichte schon hinter sich hatte. Die Biographen verfügen kaum über Quellen, um die Wichtigkeit oder Bedeutung irgendeines frühen Filmes auszuloten. Sie beschränken sich notgedrungen darauf, alle erhältlichen Fotos und Zeitungsartikel – ihre einzigen Anhaltspunkte – sinngemäß zu übersetzen.

Beim Sichten solcher Hilfsmittel wurden zwei bislang unbekannte Versionen von *Carmen* entdeckt: ein 1913 in Italien gedrehter Film mit Margarita

Silva in der Hauptrolle und ein dänischer Film aus demselben Jahr mit Asta Nielsen, einer der beachtlichsten skandinavischen Schauspielerinnen der Stummfilmzeit. Sie war so klug, die Zeichen der Zeit zu erkennen, als der Tonfilm 1932 neue «Spielregeln» einführte.

Die größten Stars

Die Carmen zu spielen war schon damals für alle weiblichen Kinostars eine erregende Vorstellung. Theda Bara, der erste *Vamp* des Kinos, Prototyp der *femme fatale*, ergriff die Gelegenheit, um in der Rolle der sevillanischen *cigarrera* ihren eigenen, unverwechselbaren Stil weiterzuentwickeln. Der Film wurde 1915 unter der Regie von Raoul Walsh gedreht. In seinen Memoiren beschreibt er den Zauber seiner Hauptdarstellerin, aber auch die Probleme bei der gemeinsamen Arbeit: «Von der Zensur waren uns Grenzen gesetzt, die wir nicht überschreiten durften: keine Banditen und kein Blutvergießen! Der Torero durfte nur mit der *capa* herumwedeln und eventuell mit dem Degen auf den Stier zielen, die Waffe jedoch nicht tatsächlich benutzen.» Das hinderte die Produzenten allerdings nicht daran, für die Rolle des Torero nach einer «männlichen Person spanischer Herkunft mit Stierkampferfahrung» zu suchen. Man kann sich leicht vorstellen, welche Absichten sie damit verfolgten.

Carmen, «femme fatale» im Hollywood-Stil: Theda Bara.

Edna Purviance, von Chaplin ausgewählt, um den Mythos zu parodieren …

Cecil B. DeMille arbeitete damals an seiner eigenen *Carmen*, einem Film, in dem die Opernsängerin Geraldine Farras dominierte. Der Historiker Lewis Jacobs schreibt über den Film: «… Er ist zahllose Male gelobt worden wegen des geballten Einsatzes theatralischer Mittel, der besonderen, bis ins kleinste Detail gehenden Sorgfalt und dem großen Interesse an darstellerischen Nuancen.» Er wäre allein schon deshalb in die Geschichte eingegangen, weil er nachhaltigen Eindruck auf Charlie Chaplin machte, der dann 1916 seine eigene *Carmen*-Version drehte, mit Edna Purviance in der Hauptrolle. Von allen *Carmen*-Verfilmungen aus jener Zeit ist dies die berühmteste. Chaplin macht sich darin unverhohlen über den Carmen-Rummel jener Jahre lustig, ganz besonders jedoch über Theda Bara. Als Privatperson gefiel sie sich darin, mit einem «Sirenenlächeln» auf den Lippen und von wilden, exotischen Tieren umgeben durch die Straßen zu spazieren – ein Verhalten, das schwerlich zu einer kleinen Fabrikarbeiterin paßt. Chaplin überzeichnete in seinem Film alle Figuren, bis sie nur noch Karikaturen waren und Humor zur Groteske wurde. Beispielsweise ähnelt die spanische Tanzszene eher einem epileptischen Anfall, und das Duell ist eine Mischung aus Ballett, Massage, Ringkampf und Billardspiel. Auf solche bewußten Übertreibungen

... doch mit Pola Negri führte Lubitsch die Gestalt wieder zurück zum «Vamp»-Typ.

wird nur während kurzer Augenblicke verzichtet, etwa bei Carmens Tod. Später fügte man dem Film ohne Chaplins Wissen mehrere Szenen mit Ben Turpin hinzu. Dies ist insofern bedeutsam, als Chaplin fortan auf einer absoluten Kontrolle über alles von ihm belichtete Filmmaterial bestand. Aber nach seiner *Carmen* konnte sich ohnehin niemand mehr an das pseudo-andalusische Sujet mit einer *femme fatale* in der Hauptrolle heranwagen. «Cecil B. DeMille», schreibt Chaplin, «hatte ein paar vielversprechende Ansätze, aber letztlich kam er nicht über eine Schnulze hinaus. Dennoch beeindruckte mich seine *Carmen* derartig, daß ich schleunigst einen eigenen Film von zwei Spulen Länge drehte.» Später nahm auch der geniale Filmemacher Ernst Lubitsch die Herausforderung an. Sein *Carmen*-Film war der nächste in der langen Reihe. Nach anfänglichem Zögern erklärte er sich mit Pola Negri als Hauptdarstellerin einverstanden. Der Produzent hatte sie ausgewählt. Ihm gefielen «zweifellos die schwarzen, glatten Haare der Schauspielerin, ihre funkelnden Augen und ihr verführerisches Lächeln, mit dem sie jeden Heiligen seine Gelübde vergessen lassen konnte.» (Weinberg in: *The Lubitsch Touch*) Als Gegenstück zu Asta Nielsen lag Pola Negri, eine weitere *femme fatale* dieser Epoche, eher auf der Linie von Gloria Swanson. Die Amerikanerin polnischer Abstammung war mit ziemlicher Sicherheit die sinnlichste und provokanteste Filmschauspielerin der zwanziger Jahre. Sie trug mit ihrer Carmen nicht wenig dazu bei, daß der Film Lubitschs erster internationaler Erfolg wurde. Einige Jahre später ging Lubitsch endgültig nach Hollywood und machte sich daran, die Gattung der Filmkomödie von Grund auf zu erneuern.

Schon in *Carmen* führte er einige Neuerungen ein: Beispielsweise ließ er alle nächtlichen Sequenzen Bild für Bild handretuschieren und komponierte eine bunte, exotische Szenerie, in der sich Sevilla mit den Wohnhöhlen der Zigeuner und mit dem Fels von Gibraltar abwechseln. Die Handlung von *Carmen* war weithin bekannt. Es kam also darauf an, sich neue Nuancen einfallen zu lassen. Abgesehen von einem Dutzend Filmen gab es mittlerweile, besonders in Europa, auch zahlreiche Theaterfassungen, etwa die des Moskauer Künstlertheaters *(Carmencita und der Soldat)* – und natürlich die vielen Aufführungen der Bizet-Oper. Jede neue Version bedurfte auch eines neuartigen Erzählstils. Paradoxerweise übernahm gerade Lubitsch die in der literarischen Vorlage enthaltene Technik der Rückblende, denn in der Novelle erzählt ein Reisender die tragische Liebesgeschichte von Carmen und Don José. Die Uraufführung des Films in den USA, mit dem Titel *Gipsy Love* (Zigeunerliebe), legte den Grundstein zu allen späteren Erfolgen des Regisseurs.

Andere Carmen-Filme

Es ist nicht möglich, hier auf alle Verfilmungen von Mérimées Novelle einzugehen, aber es lohnt die Mühe, sich mit einigen von ihnen näher zu befassen. Da wäre zum Beispiel der Film, in dem Raquel Meller 1926 unter der Regie von Jacques Feyder die Hauptrolle spielte. Kurioserweise ist darin auch Luis Buñuel zu sehen. Er spielt einen finsteren, schweigsamen Banditen. Die Meller konnte in Europa und Amerika einen triumphalen Erfolg verbuchen. Von der Coupletsängerin Carmen entwarf sie ein ganz neues Bild: Die körperliche Üppigkeit ihrer Vorgängerinnen wird abgelöst durch eine schlanke Erscheinung, die Carmen etwas von der lässigen Eleganz der französischen *chanteuses* verleiht.

Ein weiteres Beispiel bietet der Streifen *Los amores de Carmen* aus dem Jahr 1927 mit Dolores del Río. Ihre Erfolge in Mexiko hatten ihr den Weg nach Hollywood, dem Mekka des Films, gebahnt. Mit ihr versuchte sich der Regisseur Raoul Walsh zum zweiten Mal am *Carmen*-Stoff.

1933 gab es originellerweise eine deutsche *Carmen* auf der flimmernden Leinwand zu sehen. Übrigens ließen es die Filmemacher dieses Landes nicht bei dem einen Versuch bewenden, denn schon zwei Jahre später spielte Martha Eggerth in *Die blonde Carmen* erstmals in der Filmgeschichte tatsächlich eine Carmen mit blondem Haar.

Ebenfalls in Deutschland entstand *Carmen de la Triana* mit Imperio Argentina unter der Regie ihres Ehemannes Florián Rey. Im Spanien der Zweiten Republik hatten die beiden schon die bislang größten Erfolge ihrer Laufbahn (*Morena Clara* und *Nobleza baturra*) verbuchen können. Für den letztgenannten Film hatte sich Hitler übrigens derartig begeistert, daß er anordnete, das Ehepaar nach Deutschland einzuladen und ihm einen Vertrag anzubieten. Er empfing die beiden sogar persönlich, denn er hatte sich in den Kopf gesetzt, daß sie das Leben von Lola Montez, der berühmten Geliebten Ludwigs I. von Bayern, neu verfilmen sollten. Dahinter verbarg sich eine Absicht, die keineswegs naiv war: Statt sich mit einem von revolutionären Gedanken beflügelten Studenten ihrer eigenen Zeit einzulassen, sollte sich Lola Montez mit ein paar jungen Nazis umgeben. Imperio Argentina und Florián Rey wichen dem Angebot mit dem Vorschlag aus, einen neuen *Carmen*-Film zu drehen. In den Studios von Berlin und Düsseldorf sollten die Straßen und das Ambiente von Sevilla nachgebaut werden.

Am Ende wurden zwei Versionen hergestellt, eine auf Deutsch und eine auf Spanisch, in denen auch die Arien aus dem Französischen übersetzt wurden. Bis auf den heutigen Tag hat man sich in Spanien vergeblich bemüht, eine Kopie der deutschen Version aufzutreiben, in der Imperio Argentina ebenfalls die Gesangsnummern bestritt.

Sicherlich war *Carmen de la Triana* einer der besten Filme des Duos Florián Rey/Imperio Argentina. Hinsichtlich Darstellungsweise und Atmosphäre läßt er sehr überzeugend das Bild des festlichen Sevilla erstehen. Dieses Ambiente unterschied sich grundlegend von dem gesellschaftlichen Klima, das im Berlin des Jahres 1939 herrschte. Leider muß jedoch gesagt werden, daß auch diese Ausdeutung des Carmen-Mythos an den Folgen der Zensur jener Jahre krankt: José bringt Carmen nicht um, denn als er es während einer Corrida versucht, wird der Torero vom Stier auf die Hörner genommen und tödlich verwundet. Von Reue gepackt, will José in die Garnison zurückkehren. Er bewahrt die Soldaten vor einem Hinterhalt und fällt im darauffolgenden Kampf. Sein Leichnam wird mit allen militärischen Ehren bestattet.

Mit Dolores del Río eroberte Carmen die spanischsprachige Welt.

Martha Eggerth (hier mit Leo Slezak), die erste blonde Carmen.

Carmen bleibt allein zurück. Bis an ihr Lebensende wird sie den Soldaten lieben. Ihr trauriges Los ist die Strafe, die im spanischen Kino jeder Frau zuteil wird, die sich im Leben ein bißchen zuviel herausnimmt.

Weder die Lebhaftigkeit einer Imperio Argentina noch die Schönheit einiger der von ihr vorgetragenen Lieder – beispielsweise *Los piconeros* (Die Holzkohlenhändler) – wirkten sich für den Carmen-Mythos besonders vorteilhaft aus. Carmens erotische Ausstrahlungskraft wird zu zigeunerhafter Keßheit abgeschwächt und ihr Freiheitsdrang fast in die Liebe einer Ehefrau umgemünzt. In Deutschland war der Film ein Riesenerfolg, aber in Frankreich, wo er ebenfalls gezeigt wurde, kam der vier Jahre später von Christian Jacques gedrehte *Carmen*-Film besser an. Viviane Romance, der populäre französische *Vamp*, spielte darin eine Glanzrolle. 1930 war sie zur Miß Paris gekürt worden, was zweifellos dazu beitrug, daß Jean Renoir sie für *La chienne* (Die Hündin), einen seiner ersten – und besten – Filme, engagierte.

Carmen in Spanien

In der Folgezeit wächst die Zahl der *Carmen*-Verfilmungen so gewaltig, daß hier unmöglich alle aufgezählt und beschrieben werden können. Beispielsweise wurde in Spanien ein argentinischer Schwank mit der Komikerin Nini Marshall unter dem Regisseur Luis César Amadori (1943) gezeigt; oder die pseudospanische Hollywoodproduktion *Los amores de Carmen*, in der Rita Hayworth unter der Regie von Charles Vidor die Titelrolle spielt (1948). Dieser Film ging völlig daneben, obwohl Rita Hayworth eigentlich das Zeug hatte, um eine Carmen von betörender Sinnlichkeit darzustellen. Gegen die Abgedroschenheit der allgegenwärtigen Klischees vermochte sie jedoch nur wenig auszurichten. Wenn man sich den Streifen heute ansieht, weiß man nicht, ob man darüber lachen oder vor Scham erröten soll.

Leider muß ich mich bei der japanischen Produktion *Carmen, puro amor*, die der Regisseur Keisuke Kinoshita 1952 anfertigte, jeglichen Kommentars enthalten. Denn da in Spanien noch nie viel über das Filmschaffen in den asiatischen Ländern zu erfahren war, ist es uns auch nicht vergönnt gewesen, diese gleichermaßen kuriose wie unsere Neugier erweckende Verfilmung kennenzulernen.

Man braucht jedoch nicht so weit in die Ferne zu schweifen, um auf staunenswerte *Carmen*-Versionen zu stoßen. In Spanien wurden in den fünfziger Jahren zwei weitere Filme über dieses Thema gedreht. Der erste, *Siempre Carmen* (Immer Carmen), entstand unter der gemeinsamen Regie von Alejandro Perla und dem Italiener Giorgio Maria Scotese. Die Titelrolle übernahm die Tänzerin Ana Esmeralda. Der Streifen geriet zu einem pseudo-spanischen Machwerk, was nicht weiter verwunderlich ist, denn in jener Zeit hatte die spanische Filmindustrie schon die kommerzielle Verwertbarkeit der andalusischen Folklore entdeckt und beutete sie nach der ewig gleichen Masche aus. «Fast alle Figuren bewegen sich ohne Sinn und Ziel», schrieb der Historiker Fernando Méndez Leite von Haffe. «Sie protzen entweder mit ihrer völlig ungerechtfertigten Verruchtheit oder ihrer beklagenswerten Einfalt.»

Die zweite dieser spanischen Produktionen ist die berühmte *Carmen la de Ronda*. Sara Montiel, der *Vamp* des spanischen Kinos schlechthin, konnte nun ihren Beitrag zum Carmen-Mythos leisten. Die Handlung des Films ist der Novelle sehr frei nachempfunden. Carmen wird vor die Wahl gestellt, den Guerillero Antonio zu verteidigen, der sie liebt, oder aber für die napoleonischen Truppen zu spionieren, die damals gerade in Spanien einmarschierten. Daraus entwickelt sich eine tödliche Tragödie. Carmen sinkt nämlich in die Arme jenes französischen Soldaten, in den sie sich verliebt hatte, als er sie nach

Eine durch und durch typisch spanische Carmen: Sara Montiel.

der berühmten Messerstecherei festnahm. Am Ende ruhen beide auf ewig vereint in der kühlen Erde. Wie wir sehen, handelt es sich um eine weitere moralistische Verdrehung der ursprünglichen Geschichte. Carmen ist im spanischen Kino eben immer eine Frau, die als Strafe für ihre Liebesabenteuer sterben muß oder zumindest allein zurückbleibt, obwohl sie im Grunde gern ihrer Liebe zu einem einzigen Mann treugeblieben wäre. Hier haben wir es mit einer Konstanten zu tun, die beispielhaft ist für viele Filme aus der Zeit nach dem Spanischen Bürgerkrieg. Während sich nämlich die Frauen in den Jahren der Republik den Männern hinsichtlich ihres sozialen Verhaltens angleichen konnten, ohne eine Bestrafung fürchten zu müssen, wurden sie vom Kino der Nachkriegszeit, entsprechend den moralischen Schablonen des Regimes, auf Biegen und Brechen zu «Heldinnen» stilisiert. Die Folge war, daß sie schon für den kleinsten amourösen Ausrutscher furchtbar büßen mußten. Es versteht sich von selbst, daß sich *Carmen* in diesem Kontext nicht frei entfalten konnte.

Dennoch versuchte Sara Montiel, ihrem Film die gleiche Frische und den Schwung zu geben, mit dem Imperio Argentina in *Carmen de la Triana* geglänzt hatte. Sie übernahm sogar die Gesangsnummer *Los piconeros.* Das Lied war mit seiner Dynamik der strahlende Höhepunkt in Imperio Argentinas Film gewesen. Das prätentiöse Getue, mit dem der spanische *Vamp* sich selbst zur Geltung zu bringen trachtete, machte dann allerdings aus dem Lied eine traurige Ansammlung gereimter Verse. Damit entsprach es genau dem Geist des ganzen Films.

Carmen Jones

Während man in Spanien dergestalt herumexperimentierte, realisierte die 20th Century Fox in den USA einen spektakulären Breitwandfilm in Farbe. Carmen ist darin eine junge Farbige, die in einer Fallschirmfabrik arbeitet. Sie wird hin- und hergerissen zwischen ihrer Liebe zu einem ebenfalls farbigen Soldaten und einem Boxer, der hier den traditionellen Stierkämpfer ersetzt. Aufsehenerregend an diesem Film, den der Regisseur Otto Preminger 1954 drehte, war außerdem die Tatsache, daß er der Musik von Bizet einen kuriosen Respekt zollte. Allerdings hatte Oscar Hammerstein II. ihr Jazzrhythmen unterlegt. Dieser Film hatte die für *Carmen* unerläßliche sinnliche Komponente. Die Schauspielerin und Sängerin Dorothy Dandridge verstand es auf zauberhafte Weise, der Handlung dramatische Würze zu geben. Zwar zählt dieser Film nicht zu den großen Meisterwerken, doch einer seiner Vorzüge besteht darin, daß er der Hauptfigur mit all ihren wesensmäßigen Eigenheiten mehr Gerechtigkeit widerfahren läßt. Im übrigen bildet er ein Gegengewicht zur Biederkeit der amerikanischen Musicals jenes Jahres, beispielsweise *Seven Brides for Seven Brothers, Rose Marie, Rhapsody* oder *The Student Prince.* Die sattsam bekannte Kraftlosigkeit der von Weißen inszenierten Melodramen wurde in diesem Film von der Energie der farbigen Darsteller aufgeheizt. *Carmen Jones* ist so gesehen ein seltsames Beispiel für die Ausdruckskraft farbiger Menschen aus den Randbezirken der Gesellschaft. Diese Ausdruckskraft ist allerdings durch die Mentalität der weißen Autoren des Films gefiltert worden.

Unverblümter war eine holländische Version mit dem Titel *Carmen Baby.* Radley Metzger drehte den Streifen 1967 mit Ulta Levka in der Rolle der *cigarrera.* In diesem Film ist sie ein leichtes Mädchen, in das sich ein Polizist verliebt. Er folgt ihr auf Schritt und Tritt. Carmen treibt es mit vielen Männern, besonders mit einem jungen Rocksänger, der dem Stierkämpfer der Urfassung entspricht. Genau wie in *Carmen Jones* wird auf andalusisches Lokalkolorit verzichtet.

Die Geschichte von der jungen Frau, die allen Männern den Kopf verdreht, paßt sich nun immer mehr dem äußeren Rahmen verschiedener Schauplätze an. Der Mythos von der spanischen Frau und ihrer Verkörperung einer spezifischen Sexualität weicht nach und nach den Phantasiegebilden des jeweiligen Regisseurs. Ausgehend von der Vorlage, deren Handlung sich ohne weiteres in den hintersten Winkel der Welt verlegen läßt, reflektiert fortan jeder Regisseur über seine persönlichen Obsessionen.

Ein leichtes Mädchen war auch die «getarnte» Carmen von Luis Sanz aus dem Spanien des Jahres 1973. Zwar verleugnete sie ihre Herkunft, aber *Una mujer prohibida* (Eine verbotene Frau) entspricht nach Meinung des Kritikers José Ruiz durchaus dem Grundschema des *Carmen*-Stoffes. In diesem Film entbrennt ein Polizist (Ramiro Oliveros) in Liebe zu der weiblichen Hauptfigur (Esperanza Roy). Sie läßt ihn immer wieder abblitzen, und er leidet unter der Großzügigkeit, mit der sie anderen Männern ihre Gunst schenkt. Dieser Film war ein Reinfall, ein Opfer bestimmter Zeiterscheinungen, denn im spanischen Kino spezialisierte man sich gerade im Rahmen des sogenannten «destape» darauf, die Hüllen fallenzulassen.

Als farbige Nordamerikanerin lernt Carmen, englisch zu singen ...

... und später auch noch zu tanzen, dargestellt von Maria Plisetskaja.

Solche Dinge spielen in der nächsten spanischen *Carmen*-Verfilmung kaum eine Rolle. Sie entstand 1976 unter der Regie von Julio Diamante und hieß *La Carmen*. Mit seinem profunden Verständnis für die Ästhetik des Flamenco machte Diamante aus seiner Carmen (Sara Lezana) eine *bailaora* und aus José den ehemaligen Zögling eines Priesterseminars, der Carmen während des Militärdienstes kennenlernt. Er verliebt sich so sehr in sie, daß er raubt und stiehlt, um ihre Gunst zu gewinnen. Von Eifersucht getrieben, tötet er im Zweikampf «el Morao», einen ehemaligen Geliebten der Zigeunerin. Er tritt in dessen Fußstapfen und wird Carmens neuer *chulo* (Zuhälter). Doch sie will nicht davon ablassen, fortwährend anderen Männern schöne Augen zu machen. In seiner Verzweiflung erwürgt er sie mit einem ihrer Strümpfe.

Nüchterner waren ein *Carmen*-Film des tschechoslowakischen Regisseurs Evat Schörme aus dem Jahre 1966 und eine Schweizer Produktion mit Grace Bumbry und Jon Vickers, unter der Leitung von Herbert von Karajan. Es handelte sich um die filmische Aufzeichnung der Oper mit den Wiener Philharmonikern anläßlich der Salzburger Festspiele 1967. In gleicher Weise versuchte der Russe Vadim Dervenev mit *Carmen – ein Poem für Tanz*, die ursprüngliche Partitur in ihrer Gesamtheit beizubehalten, aber die besonderen Erfordernisse des Balletts (Maria Plisetskaja und das Bolschoi-Ensemble) veranlaßten die Autoren dieser Bearbeitung dazu, einige Musikstücke von Johann Sebastian Bach in das Werk aufzunehmen.

Der Carmen-Boom

Nachdem *Carmen* schon eine so lange Reise durch die Welt des Films gemacht hatte, kam es in den vergangenen Jahren nochmals zu einem wahren Boom. Drei Regisseure von internationalem Ansehen machten sich, jeder auf seine Art, an eine Kinofassung des Stoffes: Jean-Luc Godard, Francesco Rosi und Carlos Saura. Unterdessen zog Peter Brook mit seiner glänzend inszenierten Theaterversion von einer europäischen Bühne zur anderen. Zu nennen wäre auch Pilar Mirós bislang einziger Ausflug in die Welt der Oper; ihr Bühnenbild war ausschließlich in Schwarz und Weiß gehalten.

Was mag nun der Grund für eine solche *Carmen*-Renaissance sein? Als Erklärung wurde vielfach die Tatsache angeführt, daß jeder den Stoff nach eigenem Gutdünken bearbeiten kann, seit die Urheberrechte erloschen sind. Aber es gibt immer wieder Werke, auf die derselbe Sachverhalt zutrifft, und trotzdem wollen Filmemacher, Drehbuchautoren und Theaterschriftsteller nichts von ihnen wissen. Dem Carmen-Mythos muß also etwas anhaften, das die Zeiten überdauert hat, denn sonst hätten sich nicht so unterschiedliche Künstler wie Godard, Rosi und Saura von ihm inspirieren lassen. Jeder von ihnen wußte wohl, was es bedeutete, die heißblütige Carmen mit den «Wolfsaugen» um ein paar persönliche Nuancen zu bereichern, aber das hinderte sie nicht, ihre eigene Sichtweise darzustellen. Die vernünftigsten Erklärungsversuche laufen allesamt darauf hinaus, daß dieses Phänomen eine Konsequenz aus der gegenwärtigen Befreiungsbewegung der Frauen ist. Die obengenannten Regisseure sind logischerweise auf der Seite dieser Bewegung, aber sie haben die ihr innewohnenden Widersprüchlichkeiten nicht gänzlich überwinden können. Jeder erwachsene Mann wird heutzutage mit der Tatsache konfrontiert, daß sich die gesellschaftlichen und erotischen Beziehungen zwischen den Geschlechtern gewandelt haben. Interessanterweise sind alle drei Regisseure, die jetzt fast gleichzeitig *Carmen* verfilmt haben, Männer über fünfzig. Der jugendliche Überschwang von einst hat also einer gewissen Nachdenklichkeit Platz gemacht. Aus dem Blickwinkel ihrer eigenen Lebenserfahrungen heraus wollten sie zu einer Frauengestalt Stellung nehmen, die eine kritische Lage schafft, weil sie nicht bereit ist, nur einem einzigen Mann zu gehören. Eine solche Stellungnahme wird als ein intellektueller und emotionaler Reinigungsvorgang empfunden.

Das Publikum hat diesen Filmen Beifall gespendet oder ihnen zumindest ein tapferes Interesse entgegengebracht, wobei das Alter der einzelnen Zuschauer keine Rolle spielte. Offenbar gibt es ganz allgemein ein starkes Bedürfnis nach Bestimmung des eigenen Standortes, denn sonst würden sich nicht so viele Leute mit einer Frauengestalt auseinandersetzen, die die gültigen Regeln umstößt und sich von den bürgerlichen Normen der ehelichen Gemeinschaft lossagt.

Die *Carmen*, die uns hier geboten wird, besteht nicht mehr aus lauter Klischees. Alle drei Regisseure legen Wert darauf, sie in ihrer Unschuld, aber auch in ihrer ganzen Wildheit darzustellen. Sie fügen ihr lediglich jene Attribute hinzu, die unsere eigene Gegenwart zu dem Thema beitragen kann. Im Grunde geht es zwar auch um den Weg, den Carmen zurücklegt, aber mehr noch wird der des *Mannes* unter die Lupe genommen. Anders ausgedrückt: Jeder Regisseur stellt Überlegungen zum Verhalten eines Mannes an, der aus Eifersucht mordet.

Aus alledem folgt, daß sich die Befreiungsbewegung der Frauen nicht darauf beschränken sollte, die Existenz von *Doña Juanas* in der Art von Carmen zu rechtfertigen. Auch kommt es darauf an, daß die Männer ihr Verhältnis zum weiblichen Geschlecht einer kritischen Prüfung unterziehen, denn die Frauen sind vielleicht dabei, sie aus der Bequemlichkeit ihrer dominierenden Position zu vertreiben. Die Frauenfeindlichkeit, die sich in Mérimées Novelle einnisten konnte und die darauf hinausläuft, daß das Weib für das Unglück des Mannes verantwortlich ist, weicht in den Filmen und Theaterstücken der jüngsten Vergangenheit der Lebendigkeit des Mythos und einer Art intimen Nabelschau des jeweiligen Regisseurs.

Jean-Luc Godard *(Prénom: Carmen)* macht aus der Heldin der Novelle eine Einbrecherin aus Paris, die einen Polizisten liebt. Der Regisseur stellt sich selbst in seinem Film dar, er ist also kein feuriger José, sondern einfach nur ein Filmregisseur, der früher berühmt war und sich allmählich erholt. Übrigens ist er mit der jungen Frau verwandt. Godards Narzißmus kommt für uns nicht überraschend, wirft jedoch ein helles Schlaglicht auf die Bande, die ihn mit der legendären Frauengestalt verknüpfen. Francesco Rosi würdigt die Oper, indem er sich peinlich genau an ihren Text und ihre Musik hält. Damit verbirgt er zugleich seine persönlichen Empfindungen. Rosi trachtet danach, Spanien zu objektivieren, das Land, das eine so berühmte *cigarrera* hervorgebracht hat. Ein solches soziologisches (und politisches) Anliegen bildet im Filmschaffen des Regisseurs von *Hände über der Stadt*, *Wer erschoß Salvatore G.?* oder *Der Fall Mattei* eine Konstante. Sie wirkt sich auf seinen *Carmen*-Film nicht nur günstig aus, sondern sie mildert auch seinen Hang zu persönlichen Bekenntnissen. Das Resultat ist ein Fest für die Augen, brillant, aber nicht unumstritten.

Die vielschichtigste Kinoversion von *Carmen* ist meiner Meinung nach die von Carlos Saura. Auf jeden Fall entspringt sie einer persönlicheren Beziehung zwischen Regisseur und Hauptfigur. Im filmischen Werk von Saura stellt *Carmen* eigentlich keine Neuerung dar. Manche der vielen Frauen, die in seinen Filmen vorkommen, hat er ähnlich zart und zugleich distanziert geschildert. Die Summe daraus ergibt einen Diskurs über die Situation und das Wesen der Frau unserer Tage. Saura hat sich für dieses Thema auf sehr besondere Weise sensibilisiert.

Schon *Anna und die Wölfe*, ein Film, in dem eine Ausländerin das Opfer von drei engstirnigen Obsessionen (Militarismus, Religiosität und Sexualität) wird, als sie für einige Zeit im Haus einer spanischen

Familie wohnt, war in jeder Hinsicht symptomatisch für Sauras Auffassung: Die junge Frau ist für ihn wie eine frische Brise in einer erstarrten, übelriechenden, mörderischen Umgebung, die von Männern geschaffen wurde – von *spanischen* Männern. In *Antonieta* verfolgte der Regisseur mit Feuereifer den Weg einer Journalistin unserer Zeit, die dem Schatten einer Verstorbenen nachjagt, einer Frau, die zu ihren Lebzeiten Verwunderung wegen ihres klugen Gebrauchs der Freiheit in der Liebe erweckt hatte. In *Los, Tempo* überlebt nur das Mädchen, aber nicht nur, weil der Zufall auf ihrer Seite ist, sondern weil sie sich mutig allen Problemen stellt. Auch in *Peppermint frappé* sind es die Frauen (zwei Seiten derselben Münze), die den Mann mit einer für ihn selbst völlig undenkbaren Reife verführen. In *Höhle der Erinnerungen* wird der Gang der Dinge durch Kindheitserinnerungen einer Ehefrau ausgelöst. Sie verändern nämlich das familiäre Klima, nachdem sie nicht mehr wie früher geheimgehalten und verdrängt werden …

Es ist also nicht weiter überraschend, daß Saura einen Film über Carmen gemacht hat, denn sie ist in vielen Punkten all den Frauen wesensverwandt, die in seinen früheren Filmen auftreten. Seine *Carmen* wurde weltweit ein großer Erfolg, nur in Spanien nicht, wo die Einspielergebnisse dürftiger ausfielen. Das gehört zu den schwerverständlichen Besonderheiten unseres Landes.

Antonio Gades, der Tänzer und Choreograph, erscheint im Vorspann des Films neben Carlos Saura als Koautor. Er spielt auch die männliche Hauptrolle. Gemeinsam mit ihm hat Saura verschiedene Handlungsteile zu einem neuen Ganzen geordnet, wobei sie ihren ausgeprägten Sinn für körperliche Ausdruckskraft unter Beweis stellten. Sie kombinierten Teile der Opernpartitur mit Flamenco-Improvisationen. Auf diese Weise wird die musikalische Einheitlichkeit des Films durchbrochen. Überraschenderweise lassen sich die so ungleichen musikalischen Darbietungen präzis auf einen Nenner bringen. Es ist bekanntgeworden, daß Saura damit experimentiert hat, bestimmten, schon gedrehten Ballettszenen eine nach antagonistischen Prinzipien konzipierte Musik zu unterlegen. Damit suchte er nach neuen, in ihrer Wirkung unvorhersehbaren Gestaltungsmöglichkeiten. Die Kraft, die in manchen Augenblicken von seinem Film ausgeht, ist nicht zuletzt diesem risikofreudigen Gesamtkonzept zu verdanken.

Hinsichtlich des Handlungsschemas dreht sich dieser Film gewissermaßen um sich selbst. Antonio, ein Theaterdirektor (Antonio Gades), der genausogut Filmregisseur sein könnte und es eigentlich auch ist, weil Saura sich selbst darstellt, beschließt, *Carmen* zu inszenieren. Gleich zu Anfang zeigt er uns seine Zerbrechlichkeit: Angesichts der vor ihm liegenden Regiearbeit ergreift ihn eine Art Schwindelgefühl. Das dringendste Problem besteht für ihn darin, eine Darstellerin für die Hauptrolle zu finden.

Die befreite Carmen

Die Begegnung zwischen dem Regisseur und der Tänzerin, der er schließlich die Hauptrolle gibt, ist in jeder Hinsicht ein Omen. Als Zuschauer spürt man, wie sehr der Regisseur von der jungen Frau fasziniert ist. Der Tänzerin, die üblicherweise in seiner Ballettruppe den Hauptpart tanzt, gibt er die Rolle nicht, denn sie ist seiner Meinung nach zu alt, um die feurige Carmen darzustellen. Der Regisseur ist von der jüngeren der beiden Frauen genauso fasziniert wie José in der Novelle von der Zigeunerin aus der Tabakfabrik.

Laura del Sol, Sauras Carmen, ist voller Energie, eine Herausforderung der Lust, reine Geschlechtlichkeit in Blicken und Bewegungen. Sie hat die erregende, kraftvolle Geschmeidigkeit einer Katze. Aber daneben ist sie eine Frau unserer Zeit, die man nicht mit abgedroschenen Schlagworten beschreiben kann. Diese Carmen spielt von Anfang an alle Kolleginnen an die Wand. Sie umgarnt ihren José bzw. den Regisseur auf eine Weise, daß man sich auch als Zuschauer nicht entziehen kann.

Das Hauptinteresse an dem Film wird jedoch nicht durch sie geweckt. Vielleicht rührt dies daher, daß Laura del Sol die Carmen nur mit einem Minimum an Nuancen und Suggestionskraft spielt. Eine Darstellerin mit größerer Erfahrung hätte da wohl mehr geleistet. Das Rückgrat von Sauras Film bilden seine eigenen Reflexionen. Sie werden ganz in den Vordergrund gerückt und kommen Schritt für Schritt in der Problematik zum Ausdruck, mit der sich der Regisseur herumschlägt, während er immer mehr in den Bann der jungen Schauspielerin gerät. Unversehens weitet sich die Handlung zu einer Fabel aus: Sie wird zu einem wechselvollen Spiel zwischen Schein und Wirklichkeit, zwischen Leben und Traum, das sich bei den Ballettproben ganz von selbst einstellt. Hier haben wir es mit einer Konstante in Sauras Werk zu tun. Bei der Arbeit tritt der Regisseur in eine direkte Beziehung zu seinen Künstlern. Sie sind für ihn Spiegel und Abbild, in ihnen findet er Bestätigung.

Carmen, die Schauspielerin, verstößt den Geliebten ebenso vehement, wie die Carmen der Opernbühne sich von der an Besessenheit grenzenden Leidenschaft des José freizumachen versucht. Der Streit mit der Kollegin in der Tabakfabrik wird auf der zweiten, fiktiven Handlungsebene zu einer der schönsten musikalischen Nummern des ganzen Films ausgestaltet. In diesem Streit verdichtet sich auch die heftige Rivalität zwischen der jungen Schauspielerin und der älteren Tänzerin, der die Hauptrolle weggeschnappt wurde. Das fiktive Geschehen wird doppelt fiktiv: Carmen enthält eine zweite Carmen. Ihr Mann, der im Gefängnis sitzt, ist am Ende auch nur ein Mitglied der Ballettruppe, aber als er sich mit «José» duelliert, geht es für ihn und den Regisseur um mehr als um eine ganz gewöhnliche Ballettprobe.

Saura ist dem Werk von Mérimée treu geblieben, aber er bringt es unserer Zeit mit ihren besonderen Empfindlichkeiten näher und benutzt es dazu, um seinem nie ermüdenden Drang nachzugeben, die Kehrseite des Spiegels zu beschreiben, wo sich Zeit und Realität, Wünsche und Erinnerungen miteinander vermischen. Kurz gesagt: Der Filmemacher Saura benutzt den Film, um sich in sich selbst zu vertiefen.

Der Handlungsablauf ist so gestaltet, daß sich das dramatische Geschehen besonders in den getanzten Sequenzen zuspitzt. Gades und Saura haben sich wohl mit Recht gesagt, daß der Carmen-Mythos angesichts seiner Vorgeschichte nicht erst mit viel Aufwand dargestellt werden muß. Ihr Film präsentiert sich folglich als «Version» von oder «Reflexion» über *Carmen*. Er verzichtet darauf, das erzählerische Schema der Vorlage mit all seinen Bestandteilen nachzuvollziehen. Dennoch ist wohl die Frage nach der Vorlage durchaus berechtigt. Jeder, der *Carmen* bearbeitet, stützt sich auf die Novelle oder die Oper, und keine neue Version kann sich völlig von den künstlichen Zutaten freimachen, mit denen *Carmen* im Lauf der Zeit ausgeschmückt worden ist. Sie gehören mittlerweile genauso zu ihr wie die Attribute ihres ursprünglichen Wesens. Carmen war abwechselnd schwarzhaarig und blond, sie war folkloristisch angehauchte Partisanin, Jungfrau, Prostituierte, Konservative, Freigeist, Gläubige und Atheistin. All dies hat die ursprüngliche Gestalt der Zigeunerin aus der Tabakfabrik so sehr verändert, daß ihr Bild vor allem eine Projektion der Träume und Wünsche all jener darstellt, die diesen Stoff bearbeitet haben.

Die Autoren der bislang letzten Version von *Carmen* stützten sich auf die Mehrdeutigkeit der Musik und die Suggestionskraft des Tanzes. Damit haben sie den Weg zur Identifikation offengelassen. Wenn der düpierte Liebhaber Carmen in der Schlußsequenz des Films erdolcht, so hat dies eher rituellen Charakter. Ein neues Licht wird dadurch nicht auf die Tragödie geworfen. Carmen muß sterben, weil es die Tradition so will. Der Mythos hat seine Eigengesetzlichkeit und kann ebensowenig umgangen werden wie die lästigen Fragen bei einer Prüfung. Alle Versionen, in denen der Schluß der Geschichte wesentlich verändert wurde, haben sich um die wichtigste Frage herumgedrückt: Es geht nicht darum zu entscheiden, ob wir selbst in der Lage wären, Carmen zu töten, sondern um die Feststellung, daß wir sie de facto immer wieder umbringen.

Saura entzieht das Opfer den Blicken der Zuschauer. Er zeigt auf der Leinwand nur die Einsamkeit des Mörders. Carmens Leiche wird von einer Tür verborgen, der Film endet mit Bildern des Mannes, der sie aus Eifersucht getötet hat. Die Entwicklung der Tragödie mit all ihren Nuancen rechtfertigt diesen Schluß: Carmen war uns als eine Frau ohne Tabus, aber mit Problemen, vorgeführt worden, und José, der in diesem Film Antonio heißt, erscheint als Opfer einer krankhaften Leidenschaft, die ihn glauben läßt, Carmen gehöre ihm. Nicht die Sinnlichkeit der Frau löst den Konflikt aus, sondern die Unfähigkeit des Mannes, die Freiheit der Frau hinzunehmen. Seit der Epoche der *Vamps*, deren heute als naiv empfundene Erotik eine skandalöse Sündhaftigkeit signalisierte, hat sich unsere Auffassung von der Entscheidungsfreiheit der Frau gewandelt. Das bislang letzte Stadium dieser Entwicklung sind junge Frauen, wie sie uns Godard und Saura in Gestalt der Carmen vorführen. Sie machen vor allem jenen Männern zu schaffen, die mit ihnen nicht Schritt gehalten haben. Aber noch ist das letzte Wort nicht gesprochen. Wahrscheinlich kann es überhaupt kein letztes Wort geben, weil sich wie bisher jede neue Epoche in der Geschichte von Carmen spiegeln wird.

Carlos Saura: **Die Geschichte unseres Films**

Vor ein paar Jahren schenkte mir Emilio Sanz de Soto das Buch *Carmen,* mit der Empfehlung, es auch tatsächlich zu lesen. Ich erinnere mich nicht mehr genau, ob es vor oder nach *Bluthochzeit* war, aber es muß um die Zeit gewesen sein. Als ich das Werk von Mérimée las, stellte ich sofort erstaunt fest, daß mich die Geschichte und die darin geschilderten Gestalten faszinierten. Dann kam es mir mit der mir eigenen «déformation professionnelle» in den Sinn, daß ich das Thema mit Leichtigkeit aktualisieren und zu einem *Carmen*-Film verarbeiten könnte. Mir schwebte vor, ein auf der Erzählung von Mérimée basierendes Drehbuch zu schreiben, aber mit der Atmosphäre und den Charakteren von *Deprisa, Deprisa.* Dabei sollte ganz besonders die Beziehung zwischen einer starken Frau und einem verliebten, eifersüchtigen Mann herausgearbeitet werden. Ich schrieb sogar einige Seiten voll, die ich später allerdings zerriß.

Emiliano Piedra, der Produzent von *Bluthochzeit,* drängte mich, einen weiteren Film mit Antonio Gades zu drehen. Wir setzten uns zusammen und überlegten, was wir machen könnten. Von Anfang an war auch *Carmen* im Gespräch. Der Stoff reizte uns alle, wenngleich wir unterschiedliche Vorstellungen hatten. Emiliano war für die Verfilmung der Bizet-Oper mit Gades und Plácido Domingo. Antonio hingegen liebäugelte mit einer *Carmen* als Ballett. Mit diesem Projekt trug er sich schon seit langem, aber bisher war nichts daraus geworden. Ich hatte etwas ganz anderes im Sinn. Zwar hätte ich nicht mit Genauigkeit sagen können, was es war, aber von Anfang an war ich mir über das Grundschema des Films im klaren: Es sollte eine Geschichte sein mit Ballett innerhalb des Balletts, mit einer *Carmen,* die eine zweite *Carmen* enthielt. Die Handlung sollte in einem Tanzstudio spielen, wo ein Choreograph – Antonio – an einer Flamenco-Version von *Carmen* arbeitete. Ich erinnere mich, daß Gades und ich schon im November 1981 damit anfingen, Tanzschulen für Flamenco abzuklappern – von der *Escuela Nacional de Danza* über das Konservatorium, dessen Abteilung Tanz von Mariemma geleitet wurde, bis hin zu den Privatschulen in der Madrider Altstadt. Unvergeßliche Stunden verbrachten wir mit Gesprächen über die Tanzkunst und *Carmen* in einer Schule in der Calle Amor de Dios, unweit meiner Wohnung. Dort lernte ich María Magdalena, Ciro und Azorín kennen, der seinen Schülern die *jota aragonesa* beibrachte. Leider konnte ich ihn später nicht als Mitarbeiter für meinen Film gewinnen, obwohl ich mir das sehr gewünscht hätte. Noch immer ist mir lebhaft in Erinnerung, wie Azorín und Gades vor einem großen Spiegel herumhüpften und eine wunderbare *jota de Albalate* tanzten.

Wenn ich an die Unterredungen mit Antonio zurückdenke, dann weiß ich noch genau, daß wir uns nur in einem einzigen Punkt einig waren: Wir wollten «unsere» *Carmen* drehen und uns nicht allzusehr um die Werktreue kümmern, sondern das machen, was uns interessierte und dabei nach Bedarf auf dieses oder jenes zurückgreifen. Die Grundlage sollten Antonio Gades mit seiner Ballettruppe, das Werk von Mérimée, die Oper von Bizet und die Volksmusik bilden. Unser Problem bestand darin, diese scheinbar so wesensfremden, ja sogar widersprüchlichen Elemente miteinander in Einklang zu bringen.

Ich schrieb ein paar Seiten, eine Art Treatment, das Emiliano Piedra benötigte, um das Projekt zu ventilieren. Von dem, was ich damals schrieb, sind ein paar Sachen beibehalten worden, alles andere wurde verworfen. Beispielsweise erinnere ich mich daran, daß in meinem Treatment die Handlung an einem Wintertag in einem baskischen Dorf einsetzt, genau gesagt im Inneren eines *frontón.* Antonio, der in der Hauptrolle einen Choreographen spielt, ist Zuschauer bei einem spannenden *Pelota*-Spiel. Dadurch wurde der Tatsache Rechnung getragen, daß Don José in Mérimées Novelle aus dem Baskenland stammt und als junger Mann einmal bei einer *Pelota*-Partie in einen schlimmen Streit verwickelt worden war. Mit Gades hatten wir die Möglichkeit besprochen, ein Ballett mit *pelotaris* als Protagonisten zu inszenieren. Ich hatte mir einen *frontón* mit schwarzen Wänden vorgestellt, wo die gegnerischen Mannschaften mit einem unsichtbaren Ball spielten und sich dabei durch allerlei Provokationen reizten ... Die Geschichte sollte dann in Madrid weitergehen, im Tanzstudio des Choreographen, der an einer Flamenco-Version von *Carmen* arbeitet.

Um dieselbe Zeit, also im November 1981, ließ man mir bei einem Paris-Aufenthalt ausrichten, daß die in der Filmbranche tätige Firma Gaumont mit mir Kontakt aufnehmen wollte. Ich verabredete mich mit Toscan de Plantier und Emmanuel Schlumberger, zwei Mitgliedern der Firmenspitze von Gaumont, zum Essen, und sie machten mir das Angebot, einen Film für sie zu drehen. Ich sollte mich zwischen zwei Themen entscheiden: für eine Kinoversion der Oper *Carmen* von Bizet, die in Frankreich gedreht werden und sich skrupulös an die Vorlage halten sollte; oder für *Antonieta*, ein Drehbuch aus der Feder von Jean Claude Carrière, das in Mexiko und Frankreich verfilmt werden sollte. Wir hatten demnach alle denselben Stoff im Auge, wenngleich mit unterschiedlichen Vorstellungen! Und als ob das noch nicht reichte, war Carrières Bearbeitung gerade in Paris unter der Regie von Peter Brook als Theater- bzw. Opernfassung aufgeführt worden! Man sprach auch davon, daß Zeffirelli an einer Verfilmung von *Carmen* arbeitete. Später kamen dann noch die Filmprojekte von Godard und Francesco Rosi dazu. Innerhalb von zwei Jahren sollte also eine ganze Reihe von Filmen über dasselbe Thema realisiert werden!

Damals entschloß ich mich nach anfänglichem Schwanken für *Antonieta*, ohne jedoch unsere *Carmen* ganz fallen zu lassen. Sie wurde, im Einverständnis mit Emiliano Piedra und Antonio Gades, lediglich für einige Zeit zurückgestellt. Jene Wartezeit, die anfänglich vor allem für Antonio Gades ein Ärgernis bedeutete, denn er hatte sich mit seinen eigenen Terminen auf unseren Zeitplan eingestellt, erwies sich letztlich für alle Beteiligten als günstig, denn nun hatten wir Zeit, um gewisse Ideen reifen zu lassen, die noch nicht weit genug entwickelt waren.

Jedenfalls war ich wohl nicht allzu überzeugt von dem, was wir in Händen hielten, als ich im Juni 1982 – *Antonieta* war inzwischen abgedreht, und ich befand mich wieder in Madrid – in mein Tagebuch schrieb: «Ich beginne ohne allzugroßen Eifer mit der Arbeit an *Carmen*.»

Das größte Problem bestand darin, die Termine mit Gades abzustimmen. Seine im Ausland eingegangenen Verpflichtungen brachten es mit sich, daß ich mich seinem Zeitplan anpassen mußte. Immerhin konnten wir es so einrichten, daß wir die Arbeit untereinander aufteilten und uns immer dann zusammensetzten, wenn Antonio für kurze Zeit nach Spanien kam, was selten genug geschah. Wichtig war, daß zwischen uns ganz allgemein über die Darstellungsweise und die Choreographie, also über die Grundlage des Films, Einigkeit herrschte. Antonio verpflichtete sich, mit seiner Truppe die Choreographie auszuarbeiten, während ich das Drehbuch umarbeitete und vervollständigte. Ich bin immer der Meinung gewesen, daß ein Drehbuch nur eine Richtlinie darstellt, etwas, das mit jedem neuen Drehtag ergänzt und vervollständigt werden muß. Seit vielen Jahren lege ich Wert darauf, daß die Bildsequenzen meiner Filme in der szenischen Reihenfolge gedreht werden, wie sie das Drehbuch vorschreibt. Eigentlich sollte das beim Filmemachen die Regel sein, aber aus produktionstechnischen Gründen ist es nicht so. Es will mir nicht in den Kopf, wie man den Schluß eines Films drehen kann, ohne zuvor alles andere in halbwegs geordneter Folge gesehen zu haben. Bei meiner Arbeit lasse ich über die meisten Dinge mit mir reden, aber seit *La Caza*, meinem dritten Film, habe ich den Schluß immer am Ende gedreht, wie es sich gehört.

Emiliano Piedra, dieser Produzent aus Leidenschaft, der nicht lockerläßt und immer so in seine Projekte vernarrt ist, daß er sich ganz mit ihnen identifiziert, diskutiert gern über das jeweilige Drehbuch, und ich muß zugeben, daß viele seiner Anregungen sehr nützlich gewesen sind, sowohl während der Vorbereitungen als auch während der eigentlichen Drehzeit. Er war es, der im Madrider Casa del Campo-Park das Gebäude ausfindig machte, das uns dann als Tanzstudio diente. Das Haus war hinsichtlich Lage und Beschaffenheit ein Treffer. In seinen eigens dafür umgestalteten Räumen sollte praktisch die gesamte Handlung unseres Films spielen.

Die Oper *Carmen* habe ich mir Hunderte von Malen in verschiedenen Einspielungen angehört. Es war unmöglich, die Rechte der Version zu erwerben, die ich gern haben wollte, aber was soll's! Ich mußte eben ohne Maria Callas und ihre herrliche Carmen auskommen. Ich versuchte, Teresa Berganzas Aufnahme einzukaufen, aber man sagte mir, daß der Preis im Rahmen unseres Kostenvoranschlages für den ganzen Film unerschwinglich sei ... Am Ende sicherten wir uns die Version des Orchestre de la Suisse Romande unter Leitung von Thomas Schippers. Regina Resnik singt darin die Carmen und

Mario del Monaco den Don José. Es ist eine gute Einspielung, deren technische Qualität zwar einige Jahre hinterherhinkt, unseren Anforderungen jedoch genügte. Ich wählte daraus die Musikstücke aus, die mir am besten geeignet schienen. Dann wartete ich ab, bis Antonio Gades seine Tourneeverpflichtungen absolviert hatte und wir endlich mit der gemeinsamen Arbeit beginnen konnten.

Nach Beendigung der Auslandstournee kehrte Antonio Gades mit seiner Truppe im Dezember 1982 nach Spanien zurück. Die letzten Tage des alten Jahres und den gesamten Januar 1983 verwendeten wir darauf, der Choreographie den letzten Schliff zu geben und die Musik auf das Drehbuch abzustimmen. Und vor allem versuchten wir, eine Hauptdarstellerin zu finden, *unsere* Carmen.

Diese Carmen ausfindig zu machen, erwies sich als die schwierigste Aufgabe. Kurioserweise waren alle der Meinung, es sei eine Kleinigkeit. Carmen? Aber in unserem Land gibt es doch Hunderte von ihnen! Kein Problem!

Aber es war ein Problem, und sogar ein großes. Unsere Carmen mußte zuallererst einmal gut tanzen können, sie mußte das Niveau von Antonios Ballett haben. Außerdem hatte sie schön, attraktiv und obendrein noch eine gute Schauspielerin zu sein ... Na und? Nichts leichter als das!

Die erste Kandidatin, die wir für die Rolle ausprobierten, hieß Laura del Sol. Es klingt unglaublich, aber so war es. Sie gefiel uns. Gewiß, es gab manches Pro und Contra, aber mir gefiel sie so sehr, daß ich mir sagte, daß jene tatsächlich recht hatten, die behaupteten, in unserem Lande gäbe es nicht nur eine Carmen, sondern Hunderte von ihnen. Wenn schon die erste Anwärterin fast perfekt war – wie müßte dann die sein, für die wir uns entschieden, nachdem wir uns ein paar Mädchen mehr angeschaut hätten?

Wir versuchten es mit vielen Tänzerinnen und einigen Schauspielerinnen. Die Schauspielerinnen konnten nicht tanzen, und die Tänzerinnen waren keine Schauspielerinnen oder waren für unsere Zwecke nicht attraktiv genug. Es lief jedesmal darauf hinaus, daß wir Laura del Sol zu einer weiteren Probe rufen ließen. Am Ende, nach vielem Hin und Her, nach endlosen Erörterungen und Hunderten, auf Video aufgezeichneten Proben, wählten wir drei Kandidatinnen aus. Kein Zweifel, Laura del Sol war für unsere Zwecke die beste. Fast zwei Monate hatten wir gebraucht, um uns für etwas zu entscheiden, das von Anfang an klar gewesen war!

Wo wir nun unsere Carmen hatten, konnten wir erleichtert aufatmen. Jetzt ging es nur noch darum, so viele Stunden wie möglich zu proben, um den Zeitverlust wettzumachen. Allmählich nahm *Carmen* Form an. Später, fast in allerletzter Minute – er hatte Termine, die nicht verschoben werden konnten – schloß sich auch noch Paco de Lucía unserem Filmprojekt an. Anfänglich hatten wir daran gedacht, daß Paco sich um die gesamte Musik kümmern sollte, die nicht aus der Oper entnommen war, aber das erwies sich als undurchführbar. So stammten denn die musikalischen Einlagen und Rhythmen größtenteils von den Mitgliedern der Balletttruppe Antonio Gades', speziell von dem Gitarristen Toñin und von Gómez, dem *cantaor*. Allerdings sind Paco de Lucías Beiträge nicht wegzudenken.

Eine Woche vor Drehbeginn, im Februar 1983, verlegten wir die Proben in das zu einem Tanzstudio umgestaltete Haus im Casa del Campo-Park.

Ich erinnere mich an die ersten Arbeitstage: Es war grauenhaft kalt, denn die Heizung funktionierte nicht. Die Mädchen trugen bei den Proben Mäntel, Felljacken und Anoraks. Ein Videofilm, den ich als Erinnerungsstück aufbewahrt habe, zeigt in Pelzmäntel gewickelte Flamenco-Tänzer mit roten Nasen, Handschuhen und dampfendem Atem.

In der zweiten Februarwoche begannen dann die Dreharbeiten, die insgesamt acht Wochen dauerten.

An dieser Stelle sei gesagt, daß *Carmen* das Ergebnis der Zusammenarbeit zwischen Antonio Gades, Emiliano Piedra und dem Verfasser dieser Zeilen ist. Jene Zusammenarbeit stand im Zeichen der Freundschaft, der Harmonie und der gegenseitigen Achtung.

Während der Arbeit an *Carmen* gelangten Antonio und ich nicht nur zu vollem Einverständnis, sondern aus dem Respekt, den wir füreinander empfanden, entwickelte sich auch eine aufrichtige Freundschaft. Deshalb beschlossen wir, gemeinsam für das Drehbuch und die Choreographie des Filmes verantwortlich zu zeichnen, und aus demselben Grund teilten wir uns später, bei der Theaterfassung von *Carmen*, freundschaftlich die Regie, die Choreographie und die Beleuchtung.

Ich glaube, daß wir beide viel gelernt haben, als wir *Carmen* machten. Ich persönlich betrachte *Carmen* als eine der erfreulichsten Erfahrungen in meinem Leben als Filmemacher. Jeder Arbeitstag stellte eine erregende Herausforderung dar. Von einer Mischung aus Angst und ehrfürchtigem Staunen erfüllt, wurden wir mit bislang nie gekannten Problemen konfrontiert, die dann auf angenehme Weise durch die Eigendynamik der Arbeit in die Ausübung künstlerischer Freiheit und Phantasie umgesetzt wurden.

Schon während der Dreharbeiten zu *Bluthochzeit* hatte ich viel von Antonio Gades gelernt. Doch nun hatten wir es beide mit der direkten Bildsprache des Films zu tun, ohne den Umweg über das Theater, der bei dem ersten gemeinsamen Experiment nicht zu vermeiden gewesen war. Unter diesem Gesichtspunkt will mir scheinen, daß *Carmen* nur sehr wenig mit *Bluthochzeit* gemein hat. Dafür spricht auch der offenkundige Sachverhalt, daß *Bluthochzeit* schon vor der Verfilmung ein perfekt strukturiertes Werk war. Überall in der Welt hatte es bereits als Theaterstück unbestreitbare Erfolge verbucht, und es konnte ihm in seiner formalen Vollkommenheit nichts oder nur sehr wenig hinzugefügt werden. Vielleicht sollte ich mich noch genauer ausdrücken und zu erklären versuchen, warum ich *Bluthochzeit* machte und wie ich zum ersten Mal mit Gades in Berührung kam. Dazu müßte ich allerdings alles der Reihe nach erzählen, was ich hiermit tun will: Einige Jahre lang kümmerte sich Emiliano Piedra um den Verleih der meisten von Elías Querejeta produzierten Filme, also auch meiner eigenen Filme. Er beabsichtigte, einen, wie ich glaube, damals noch nicht sehr klar definierten Film zu machen, der aus drei unabhängigen Teilen bestehen sollte, jeder mit einem anderen Regisseur. Diese Regisseure sollten Francisco Nieva, Antonio Gades und ich sein. Mir schien das eine interessante Idee, und da ich seit längerer Zeit in Gedanken immer wieder mit zwei Stoffen liebäugelte, ohne mich für einen entscheiden zu können, schlug ich einen Film über Philipp II. vor (bei dem anderen Thema handelte es sich um San Juan de la Cruz). Der Film sollte in einer Technik gedreht werden, die bis zu einem gewissen Grad eine Neuerung darstellte, eine Mischung aus Kino und Theater.

Emiliano Piedra fand den Gedanken nicht übel. Es ging darum, die Einsamkeit des Monarchen aufzuzeigen: Philipp II., der eingeschlossen hinter den Klostermauern von El Escorial lebte, krank und unfähig, die schweren Probleme eines Reiches zu lösen, das sich schon im Niedergang befand. Es galt, seine lange und schreckliche Agonie sichtbar zu machen, wie die Chronisten jener Epoche sie beschrieben hatten.

Eines Tages kam Emiliano zu mir und überredete mich, mit ihm die Ballettfassung von *Bluthochzeit* anzuschauen, getanzt von Antonio Gades' Truppe. Emiliano war ganz hingerissen von der Ballettversion, die Mañas für Gades geschaffen hatte. «Ich glaube, daß man daraus etwas fürs Kino machen könnte. Ich weiß nicht genau was, aber irgend etwas kann man damit anfangen. Du mußt es selbst sehen... Wenn es dir nicht gefällt, ist es auch nicht schlimm...»

Antonio Gades war damals Direktor des *Ballet Nacional.* Sein Arbeitsplatz befand sich am Ende der Calle de Atocha, hinter dem Hospital de San Carlos. Dorthin begab ich mich, begleitet von meiner Frau Mercé und Emiliano. Ich war randvoll mit allen möglichen Vorbehalten: In meiner Phantasie sah ich Lorcas Werk von schwarzgekleideten Zigeunern getanzt, bei blendend hellem Licht und vor dem Hintergrund makellos weißer Wände. Ich weiß nicht warum, aber ich malte mir aus, daß sie das Theaterstück bestenfalls mit einem jener Bühnenbilder aufführten, die wie Ober- und Unterkiefer auf- und zuklappen, oder in einer Stierkampfarena, als handelte es sich um eine Corrida, oder mit hochkomplizierten Stellwänden, die sich im Nu auseinandernehmen und verändern ließen, so daß sich das ganze Theater in eine wundersame Kiste voller Überraschungen verwandelte... Ich bin nie ein Theatermensch gewesen, obwohl ich das Theater in meinen Filmen mit mehr oder weniger Glück eingesetzt habe – und dies sage ich mit Bedauern. Wenn ein Theaterstück mein Interesse erweckt, sage ich mir oftmals, daß es als Film noch besser wäre... Gewiß handelt es sich hier um eine sehr persönliche «Deformierung». Mögen mir die Freunde des Theaters meine Ignoranz und Anmaßung verzeihen!

Doch dort erwartete mich das genaue Gegenteil. Gades hatte speziell für uns eine «Generalprobe» vorbereitet. Das bedeutete, daß er lediglich Regie führte, während der Part, der bei einer regulären Theatervorstellung auf ihn entfallen wäre, von einem anderen Tänzer getanzt wurde. In dem großen, fürs Ballett hergerichteten Saal des betagten Gebäudes – eine ganze Wand bestand nur aus Spiegeln, schmalen Fenstern und hohen Dächern – wurde diese Probe von *Bluthochzeit* zu einem unvergeßlichen Schauspiel. Für mich war es eine Offenbarung. Gades hatte vollbracht, was mir bei einem Theaterstück von Lorca unerreichbar schien: Alles wirkte leicht; Volkstümliches wurde nicht flach, sondern in seiner ganzen Tiefe dargeboten; die Handlung, die strenge, effiziente Choreographie und die volkstümlichen Klänge der Musik waren eine wunderbare, äußerst komplexe Verbindung eingegangen. Um nicht nur lobende Worte zu sagen, möchte ich darauf hinweisen, daß mich auch einige Dinge störten, aber es waren nur sehr wenige, beispielsweise die übertriebene Mimik einiger Tänzer oder der Verlust an Rhythmus, wenn Populäres in «Gebildetes» umgesetzt wurde. Der gesamte letzte Teil der Darbietung war überwältigend, denn die komponierte Musik hatte nicht mehr den Charakter einer Komposition, sondern von Volksmusik, und der Tanz steigerte sich zur lebensvollen Explosivität der Gefühle.

Cristina Hoyos war großartig, ebenso der Tänzer, der Gades' Part tanzte. Leider ist mir sein Name entfallen.

Als Emiliano Piedra meine Begeisterung sah, schlug er mir eine Verfilmung von *Bluthochzeit* vor. Spontan sagte ich zu.

Das Projekt wurde auf später verschoben. Wir wollten erst darauf zurückkommen, sobald wir alle frei von anderen Verpflichtungen wären. Ich bereitete damals meinen Film *Deprisa, Deprisa* vor, den ich im Sommer 1980 für Elías Querejeta mit Laiendarstellern drehte. Bis zum Winter war ich damit beschäftigt und wurde genau zu dem Zeitpunkt fertig, als Gades von seiner Lateinamerikatournee nach Spanien zurückkehrte. Anfang 1981 begannen wir mit den Dreharbeiten zu *Bluthochzeit.* In den *Estudios Cinearte* ließen wir ein Bühnenbild bauen, das in gewisser Hinsicht die Räumlichkeiten in der *Escuela Nacional de Danza* nachahmte, wo ich das Werk zum ersten Mal gesehen hatte. Ich trachtete danach, dieselbe Atmosphäre zu schaffen, also jenen Unterton von «Generalprobe», der mich so sehr fasziniert hatte. Meine Arbeit sollte sich diesmal darauf beschränken, *Bluthochzeit* in der Ballettversion von Gades zu sehen und alles, was ich dabei empfand, in Bilder umzusetzen. Ich selbst übernahm also mit meinen Augen ein bißchen die Rolle der Kamera, denn sie befand sich immer genau dort, wo ich am liebsten gewesen wäre.

Als junger Mann war ich Fotograf gewesen. Seit jener Zeit habe ich eine Vorliebe für «Proben». Vom 18. bis zum 21. Lebensjahr befaßte ich mich intensiv mit der Fotografie, nachdem ich mich entschlossen hatte, mein Ingenieursstudium aufzugeben. Ich spezialisierte mich auf Musik- und Ballettfestivals. Jemand wurde auf meine Arbeit aufmerksam, und das Erziehungsministerium nahm mich unter Vertrag. Ich sollte die Internationalen Festivals von Granada und Santander fotografieren. Davor hatte ich schon mit Luis Escobar und Humberto Péres de la Osa Bilder für das *Teatro María Guerrero* gemacht. Ich hatte also bereits ein bißchen Erfahrung mit der Welt hinter dem Bühnenvorhang, zu der ich mich immer hingezogen gefühlt hatte. Deshalb machte ich in Granada während der Proben Fotos von Orchestern, Solisten und vom klassischen bzw. spanischen Ballett, nur für mich. Alles zusammen ergab ein außerordentlich reichhaltiges Programm, das durch die Qualität der Interpreten bestach. Jene elitären Festspiele waren ein Treffpunkt von Melomanen und Liebhabern des Balletts. Für einige Tage standen sie im Mittelpunkt des Interesses aller Spezialisten auf diesem Gebiet. Mit meiner Leica M-3, die ich mir erst vor kurzem gekauft hatte, verbrachte ich als Zuschauer zahllose Stunden bei Orchesterproben. Ich befreundete mich mit dem Dirigenten Ataúlfo Argenta, der sich sehr für die Fotografie interessierte, und machte Bilder von Gott und der Welt. Damals lernte ich Musiker und Tänzer, Solisten und Sänger kennen. Sie alle haben unauslöschliche Spuren in mir hinterlassen. Bei den Ballettproben bewunderte ich vor allem die eiserne Disziplin, die Präzision der Bewegung, die oftmals nur durch langwierige Arbeit erworbene Anmut, und vor allem die körperliche Anstrengung, zumal den Schweiß auf der Haut der ätherischen jungen Frauen, die dann bei der Vorstellung auf der Bühne so makellos rein und unberührt wirkten. Hier, bei den Proben, war alles viel prosaischer: Schweiß war Schweiß, und niemand brauchte zu verheimlichen, wie anstrengend alles war. Genau das gefiel mir. Ballett wurde aus nächster Nähe erlebt, es vermenschlichte sich. Und die jungen Frauen verloren ihre Unnahbarkeit, denn sie verwandelten sich in Wesen aus Fleisch und Blut, die sich *leg-warmers* über die Beine streiften, um ihre Muskeln zu wärmen. Mit *Carmen* unternahm ich den Versuch, meine eigenen Empfindungen und Vorstellungen zu entrümpeln, die noch aus meiner Zeit als Fotograf stammten.

Im Gespräch mit Emiliano Piedra zeichnete sich die Möglichkeit ab, die halbe Stunde, die *Bluthochzeit* dauerte, durch eine Art Vorspiel zu erweitern, nämlich durch die Ankunft von Antonio Gades' Truppe und durch eine Generalprobe vor der eigentlichen Aufführung. Während einiger Tage notierte ich mir bis in die kleinste Einzelheit, was sich in der Zeit vor der Aufführung abspielte: wie sich die Darsteller schminkten, wie sich die Gitarristen durch Fingerübungen die Hände warmmachten, wie die *cantaores* ihre Stimme einübten ... – und natürlich auch, welcher Art die «Aufwärmübungen» waren, mittels derer sich die Tänzer in Form brachten. Mit dem Vorspiel hatte der Film *Bluthochzeit* eine Gesamtdauer von einer Stunde und zehn Minuten. Ohne daß dies von Anfang an beabsichtigt gewesen wäre, konnte er nun also in allen Kinos der Welt als Spielfilm gezeigt werden.

Bluthochzeit war der Vorläufer von *Carmen.* Ohne ihn hätte ich mich nie an die komplexe Problematik herangetraut, die *Carmen* mit sich brachte.

Sowohl für Antonio Gades als auch für mich war *Carmen* die Fortsetzung einer gemeinsamen Arbeit, die mit *Bluthochzeit* begonnen hatte. Das ganze Konzept stammte daher. *Bluthochzeit* war ja kein Musikfilm im üblichen Sinn, zumindest nicht in der Bedeutung, die dieses Wort hat, wenn man vom amerikanischen Musical spricht. Wir machten damals vielmehr den Versuch, mittels der Bildsprache des Films die Musik und den Rhythmus des Flamenco einzufangen, dazu alles, was im striktesten Wortsinn «volkstümlich» an Antonio Gades' Ballett ist. Ohne Antonio wäre nichts zustandegekommen. Er ist vom Geist des Volkes beseelt und besitzt jene einmalige, an Magie grenzende Kraft und Aufrichtigkeit, die aus der Tiefe der Seele kommt. Die Stimmigkeit und Eleganz, mit der er tanzt, machen ihn zu einem Auserwählten. In Spanien sagt man von solchen Menschen, daß sie *duende* haben. Gades ist von seinem *duende* besessen.

Wieviel Freude bereitet es, über eine Person zu schreiben, die man bewundert! Angeblich ist das nationale Laster von uns Spaniern der Neid. Und da folglich auch etwas von diesem Laster in mir ist, will ich gestehen, daß ich Gades um die Leichtigkeit beneide, mit der er tanzt. Sie ist das Ergebnis einer angeborenen Begabung und des Strebens nach immer größerer Vollendung und Leistungssteigerung durch tagtägliche Arbeit.

Dank Antonio Gades habe ich viel über den Flamenco gelernt. Meine Vorstellungen von diesem Tanz im besonderen und dem spanischen Tanz im allgemeinen haben sich seitdem verändert. Der Flamenco ist nur eine von vielen Formen des Tanzes, die unser Land zu bieten hat. Dennoch wird er seit langem als *der* spanische Tanz betrachtet, was vielleicht daran liegt, daß er anpassungsfähig genug ist, um eine Vielzahl dramatischer und ausdrucksstarker Interpretationsmöglichkeiten zuzulassen.

Im Lauf der Jahre hat der Flamenco seinen spontanen Charakter eingebüßt und wurde zu einer akademischen Tanzkunst: Wer ihn als Beruf ausübt, muß eine Anzahl mehr oder weniger «klassischer» Normen respektieren, die alle Schritte und Bewegungen reglementieren. Zwar gibt es hinsichtlich der dramatischen Interpretationen unterschiedliche Flamencoschulen, aber in allen werden ähnliche Schritte und Bewegungen gelehrt. Vicente Escudero, dem wir, die Freunde der Tanzkunst, so viel verdanken, erhob den von Männern getanzten Flamenco auf eine Stufe von solch großer Reinheit und so hohem Anspruch, daß eine Steigerung kaum denkbar erscheint. Antonio Gades verwaltet Escuderos Erbe, indem er die Strenge seiner Bewegungen übernommen hat. Er entfaltet bei seinen Bewegungen eine Ökonomie, die bisweilen an Geiz grenzt. Escudero hat übrigens einen berühmten Dekalog

Antonio Gades, Carlos Saura und Emiliano Piedra.

verfaßt, gewissermaßen die «Zehn Gebote» des Flamenco: Nachdem er vorausgeschickt hat, was es heißt, «männlich» zu tanzen, fordert er vom Tänzer, gewisse Körperhaltungen und Bewegungen, beispielsweise der Handgelenke, Hände und Finger, zu vermeiden. Der Frau hingegen räumt er viel mehr Bewegungsfreiheit ein.

Wenn man Gades tanzen sieht, könnte man meinen, alles sei ganz leicht, aber natürlich sieht man diesen Irrtum sehr schnell ein. Um auch nur in die Nähe dessen zu gelangen, was er vollbringt, müßte jeder andere Tänzer unzählige Stunden üben und bis zum Umfallen an der Perfektionierung einer Geste oder einer Bewegung arbeiten. Ich bin voller Bewunderung für die Hartnäckigkeit und Hingabe der jungen Männer und Frauen, die danach streben, professionelle Tänzer zu werden. In den Flamencoschulen verschleißen sie so manches Paar Ballettschuhe und müssen oftmals in stickigen Räumen unter zweifelhaften hygienischen Bedingungen arbeiten, nachdem sie von einem Ende der Stadt zum anderen gefahren sind. All dies nehmen sie auf sich, weil sie davon träumen, eines Tages eine *figura* zu sein, jemand, der etwas darstellt. Der Flamenco fordert, ähnlich wie der klassische Tanz oder die virtuose Beherrschung irgendeines Musikinstrumentes, absolute Hingabe, wenn ein Tänzer die Technik meistern will.

Über die Carmen von Mérimée

Vor nicht allzulanger Zeit sah ich im Fernsehen eine Sendung, in der es um die unzähligen Kinoversionen von *Carmen* ging. Wie schon so oft, gab sich auch diesmal der Kommentator dazu her, von oben herab und mit abschätzigem Tonfall über das «pseudospanische Machwerk» von Mérimée herzuziehen. Mich ärgerte daran die Ungerechtigkeit, denn tatsächlich haben wir hierzulande diesem Franzosen Unrecht getan, der Spanien liebte und bewunderte und von unseren Eigenheiten stets voller Zuneigung und Respekt sprach. Ich glaube, das Problem beruht darauf, daß alle Welt Mérimées *Carmen* nur vom Hörensagen kennt. Bestimmt haben sich nur sehr wenige Menschen die Mühe gemacht, die Novelle zu lesen. Ich bin nicht dazu berufen, deren literarischen Wert ins rechte Licht zu rücken, aber nachdem ich den Text gründlich durchgearbeitet habe, glaube ich, mir das Recht herausnehmen zu dürfen, diesen Autor und sein Werk zu verteidigen. Immerhin war er dazu imstande, uns eine Liebesgeschichte voller Leidenschaft zu erzählen, die auch heute noch ebenso lebendig und ausdrucksvoll erscheint wie zum Zeitpunkt ihrer Niederschrift. Man kann getrost behaupten, daß die Person der Carmen im Verlauf der Zeit so sehr zum Allgemeingut geworden ist, daß ihretwegen andere Romanhelden vergessen wurden, die einst eine größere Leserschaft hatten. Carmen ist sogar zu einem modernen Mythos geworden.

Bei uns Spaniern erzeugt allein schon die Nennung von Mérimées *Carmen* eine kuriose Abneigung. Dabei scheint man zu übersehen, daß der französische Schriftsteller unser Land viel besser kannte als die Mehrzahl jener, die ihn nicht kennen oder attackieren.

Ich selbst trage in meinem Gedächtnis gewisse Bruchstücke von *Carmen* mit mir herum, die sich manchmal mit Kindheitserinnerungen verbinden, mit unbestimmten Wünschen und sehr starken, immer wiederkehrenden Bildern. Insbesondere erinnere ich mich an die Stelle, als Carmen in der Novelle zum ersten Mal auftritt. Die Nacht senkt sich über Córdoba herab, und am Ufer des Guadalquivir baden die Frauen nackt im Schutz der sommerlichen Abenddämmerung. Ein paar Männer versuchen, die Badenden zu belauschen und trotz der Dunkelheit einen Blick von ihren nackten Körpern zu erhaschen. Dies ist die Situation, in der Carmen auftritt. Mérimée schreibt über sie: «In den Haaren trug sie eine Fülle von Jasminblüten – deren Duft nach Untergang der Sonne so betäubend ist. Sie war einfach, vielleicht ärmlich gekleidet, ganz schwarz, wie die meisten Grisetten am Abend (...). Während die Schaumentstiegene sich niedersetzte, ließ sie das Schleiertuch, das ihren Kopf bedeckt hatte, auf die Schultern gleiten, und ‹beim dunklen Licht, das von den Sternen fällt›, sah ich, daß sie ziemlich klein, aber jung und wohlgestaltet war und sehr große Augen hatte.»

Diese Frau hatte ich schon irgendwo gesehen, ich kannte sie gut. Das schwarze Haar hatte sie im Nacken zu einem Knoten frisiert, und am Ansatz ihres schlanken Halses waren feine Härchen zu erkennen... Es war jenes Gemälde von Romero de Torres, auf dem eine schlanke, dunkle Zigeunerschönheit vor dem Hintergrund eines «freudianischen» Zwielichtes einen Windhund spazierenführt. Oder war es eine arabisch angehauchte, schöne, süße, glutvolle Cousine aus Murcia? Eine flamencotanzende Zigeunerin, die ich in meiner Jugend fotografiert hatte, und die alle Mysterien und Schönheit verkörperte, die eine Frau in sich zu vereinigen vermag?

Mérimée äußert Zweifel, ob Carmen eine reine Zigeunerin sei. Mit einem kleinen Schuß Rassismus schreibt er wörtlich in seiner Novelle: «... jedenfalls war sie unendlich viel hübscher als alle Zigeunerinnen, denen ich bisher begegnet war.» Es ist amüsant, was der französische Schriftsteller über die Dinge zu sagen hat, die nach Meinung der Spanier unerläßlich sind, damit eine Frau schön ist: Dazu muß sie – laut Mérimée – «dreißig Qualitäten in sich vereinigen oder, präziser ausgedrückt, durch zehn Adjektiva definierbar sein, deren jedes sich auf drei Teile ihres Körpers anwenden läßt. So muß sie, zum Beispiel, dreierlei schwarz haben: Augen, Wimpern, Brauen; dreierlei fein: Finger, Haare; und so weiter.» Ein paar Seiten weiter liefert Mérimée folgende Beschreibung von Carmen: «Ihre Haut – übrigens von vollkommener Glätte – näherte sich der Farbe des Kupfers. Die Augen standen etwas schief, waren aber herrlich geschnitten. Die Lippen waren etwas zu voll, aber schön gezeichnet und ließen Zähne sehen, weißer als Mandeln, die soeben geschält sind. Ihre Haare, vielleicht ein wenig grob, erglühten in tiefem Schwarz, durchschimmert von den blauen Reflexen des Rabengefieders. (...) Sie war eine seltsam wilde Schönheit, und ihr Gesicht, das zuerst etwas Befremdendes hatte, mußte jedem, der es einmal gesehen, unvergeßlich bleiben. Ihre Augen hatten einen sinnlichen und zugleich grausamen Ausdruck, wie ich ihn in keinem menschlichen Antlitz je wiedergefunden habe. «Zigeunerauge: Wolfsauge!» sagt ein von guter Beobachtung zeugendes spanisches Sprichwort.»

Prosper Mérimée, gezeichnet von Rochard.

Imperio Argentina, Rita Hayworth, Dorothy Dandridge und Sarita Montiel, ja sogar Marlene Dietrich haben die Carmen gespielt! Ganz zu schweigen von den Schauspielerinnen, die in irgendeinem Stummfilm die Carmen verkörperten, darunter Stars wie Asta Nielsen, Theda Bara, Edna Purviance, Pola Negri, Raquel Meller oder Dolores del Río... Wer von ihnen *ist* Carmen? Vor mir erstehen viele Bilder, und auf jedem ist eine andere Carmen zu sehen. Es sind lauter schöne Frauen, die sich mit mehr oder weniger Glück auf der Bühne oder in einem Film an der Rolle versucht haben. Für jeden Geschmack gibt es eine, alle Rassen sind vertreten, und wie es zu sein pflegt, wenn eine Gestalt universalen Charakter annimmt und sich in einen Mythos verwandelt, tritt immer mehr ihr Wesen hervor, das, was sie darstellt und bedeutet, was sie ausmacht. Die Grundzüge, aus denen Carmen im wesentlichen besteht, sind Unabhängigkeit, die Freiheit ihres Verhaltens jenseits der bürgerlichen Moral, ihre Herkunft aus dem Volk, ihre unmittelbare Erdverbundenheit. Allem, was Carmen tut, haftet etwas Wildes, Elementares an. Sie reflektiert nicht, sondern handelt. Basta!

Im Jahr 1830 reiste der siebenundzwanzigjährige Mérimée zum ersten Mal nach Spanien und machte die Bekanntschaft der Familie Montijo. Seitdem verband ihn eine enge Freundschaft mit Eugenia de Montijo, der späteren Gattin Napoleons III., des französischen Kaisers. Angeblich basierte *Carmen* auf einer wahren Begebenheit, die Eugenia de Montijo ihrem Freund Mérimée erzählt hatte. Mag das nun wahr sein oder nicht – fest steht, daß sich Mérimée immer für Spanien interessiert hat. Vergessen wir nicht, daß Spanien in den Nachwehen der Romantik zum Ziel von piekfeinen Abenteurern wurde, die den nebeligen Norden flohen und sich auf die Suche nach Sonne und Exotik machten. Deutsche, französische und englische Reisende richteten ihr Augenmerk auf unser Land. Russische und französische Musiker ließen sich von den volkstümlichen Weisen Spaniens inspirieren. Maler und Zeichner lenkten ihren Blick auf dieses Randgebiet Europas. Jeder, der die von Gustave Doré um die Mitte des 19. Jahrhunderts illustrierte Reisebeschreibung des Baron de Davillier liest, wird sofort begreifen, welche Faszination die spanischen Menschen und Landschaften auf die Fremdlinge ausübten. Tatsächlich enthalten die großartigen Stiche, mit denen Gustave Doré jene *Reise durch Spanien* bebilderte, mehr dokumentarische Hinweise auf unser Land als irgendeine andere Informationsquelle aus jener Zeit. Und wenn es auch stimmt, daß der Künstler auf einigen Darstellungen seiner Phantasie allzusehr die Zügel schießen läßt, vor allem in den Szenen aus Andalusien, in denen er das Lokalkolorit überdehnt und mittels theatralischen Reminiszenzen einer Bilderbuchromantik nachhängt, so liefert er uns doch andererseits eine präzise Schilderung von Gesichtern, Straßen und unvergeßlichen Landschaften. Davillier beschreibt auch die *Casa de Tabacos* von Sevilla, also die *tabacalera* unserer Version von *Carmen*, und staunt über die Vitalität, die Ungebundenheit und das ausgeprägte Wesen der jungen Frauen, die dort arbeiteten. Die sogenannten *cigarreras* von Sevilla standen in dem Ruf, ziemliche Draufgängerinnen zu sein. Einer dieser Arbeiterinnen sollte es vergönnt sein, durch die Feder von Mérimée Unsterblichkeit zu erlangen. Im *Museo de Bellas Artes* von Sevilla gibt es ein Bild von Gonzalo Bilbao. Es heißt *Las Cigarreras* und zeigt eine Anzahl junger Frauen, die an runden Tischen sitzen und Tabak aus Kuba weiterverarbeiten. Genau wie auf den Darstellungen von Doré sind Frauen zu sehen, die gerade für ein Weilchen die Arbeit unterbrochen haben, um ihren Säuglingen die Brust zu geben. Männern war der Zutritt wohl auch deshalb verboten, weil die Frauen während des heißen sevillanischen Sommers bei der Arbeit nur sehr spärlich bekleidet waren.

Vielleicht wurde das vergangene Jahrhundert am besten von jenen unermüdlichen Reisenden dokumentiert, die sich in die andalusischen Sierras hineinwagten, um Dörfer und Gegenden zu besuchen, die damals sogar den Spaniern unbekannt waren.

Für jemanden wie mich, der kein Fachmann ist, ist das spanische 19. Jahrhundert eine verworrene Epoche. Spät, aber nicht zu spät, beginne ich, mir eine klarere Vorstellung von jener Zeit zu machen. Mag es mir auch an Detailkenntnissen mangeln, so kann ich doch zumindest erraten, wie die Menschen damals lebten und wie sich alles zutrug. Wir dürfen nämlich nicht übersehen, daß *Carmen* in der ersten Hälfte des 19. Jahrhunderts entstand. Diese Figur ist nur aus ihrer eigenen Epoche heraus zu verstehen. Das traditionell katholische Spanien wurde noch von Begriffen wie Sittsamkeit und Ehre beherrscht. Es war ein Land, in dem Verbrechen aus Leidenschaft durch irrationale Eifersucht und durch die Auffassung vom «Besitz» gerechtfertigt wurden. Diese Haltung hat wohl jahrhundertelang das Mann-Frau-Verhältnis geprägt, wobei der Frau die Opferrolle zukam. Die gesellschaftlichen Verhältnisse waren gekennzeichnet durch eine sexuelle Diskriminierung, die aus den Beziehungen zwischen den Geschlechtern ein Verhältnis wie zwischen Herr und Sklavin machte.

Es mußte ein Ausländer, ein Franzose oder sonstwer, kommen, um uns zwar nicht die freie, starke, unabhängige Frau zu zeigen, für die es in unserer Kulturgeschichte andere Beispiele gibt, wohl aber, um den Mythos von der ungebundenen Frau par excellence zu schaffen. Durch Umkehrung der etablierten Werte bewirkt sie, daß die Männer sich nach ihren Launen richten. Solche Frauen, ungebärdig und aggressiv, Frauen, die die Männerwelt herausforderten, gab es gewiß unter den Tabakarbeiterinnen von Sevilla. Dies geht nicht nur aus den Schilderungen jener Zeit hervor, sondern es wird auch durch anzügliche Lieder belegt.

In Mérimées Novelle gibt es höchst interessante Aspekte, beispielsweise die Tatsache, daß seine Carmen eine Zigeunerin aus dem Baskenland ist, die baskisch spricht. Don José, der Dragoner-Sergeant, der sie mit krankhafter Leidenschaft liebt, stammt aus Elizondo im Tal des Baztán. Durch die gemeinsame Sprache werden die beiden aufeinander aufmerksam. Später wendet sich Don José von seiner baskischen Herkunft ab und wird zu einem berüchtigten andalusischen Banditen in der Art von José María «El Tempranillo». Carmen wandelt sich unterdessen zum Prototyp der andalusischen Zigeunerin...

Ich glaube, daß der Carmen-Mythos, wenn überhaupt, dann nur mit Blick auf die leidenschaftliche Bindung erklärt werden kann, mit der sie Don José an sich zu fesseln versteht. Es wäre interessant, diese sich bis zur Unterwerfung steigernde Abhängigkeit des Dragoner-Sergeanten von der jungen Zigeunerin bis in größere Tiefen auszuloten. Ich habe nur wenige Geschichten gelesen, in denen der Mann aus lauter Liebe alle Demütigungen hinnimmt, die ihm eine Frau zufügt. Als Don José am Ende der Erzählung Carmen erdolcht, muß diese Tat nicht nur als Mord, sondern sogar als eine Art Selbstmord betrachtet werden, als ein Akt der Verzweiflung, der die Zerstörung der Paarbeziehung endgültig besiegelt.

Don José wird wegen seines Verbrechens hingerichtet. Willig akzeptiert er dieses Schicksal, zu dem er unentrinnbar verurteilt war, seit er die junge Arbeiterin aus der Tabakfabrik zum ersten Mal erblickt hatte.

Meiner Meinung nach vollzieht sich in *Carmen* eine Art Rollentausch. Ich lasse mich sogar zu der Behauptung hinreißen, daß die Beziehung zwischen

Don José und Carmen verständlicher würde, wenn man ihre Geschlechter vertauschte. Carmen verhält sich wie ein Mann in Frauenkleidern. In ihrer Ungebundenheit, in der Art und Weise, wie sie alle Situationen beherrscht und in Liebesdingen tonangebend ist, liegt vieles von dem Rollenverhalten, das bis auf den heutigen Tag dem Mann zugeschrieben wird.

Gewiß, in jüngster Vergangenheit haben sich die Verhältnisse dank des Kampfes der Frauen um ihre Unabhängigkeit gewandelt, aber das ändert nichts an der Tatsache, daß Carmen, diese Erfindung des 19. Jahrhunderts, um es nochmals zu sagen, in ihrem Verhalten stark maskuline Züge trägt, während Don José gelegentlich eine Unterwürfigkeit zeigt, die traditionell eher dem weiblichen Wesen angestanden hätte. Dieser Rollentausch wirft meiner Meinung nach ein Licht auf zahlreiche Widersprüchlichkeiten in der Erzählung. Ich weiß nichts oder nur sehr wenig über Prosper Mérimée, aber mit Hilfe von *Carmen* lassen sich höchst interessante Spekulationen über ihn anstellen. Da wäre zum Beispiel die Tatsache, daß die Geschichte in der ersten Person von einem Archäologen – oder ist er Historiker, oder beides? – erzählt wird. Mit den *Kommentaren* des Julius Caesar in der Hand sucht er nach der Stelle, an der einst die antike Stadt Munda stand. Ist jener Historiker vielleicht Mérimée selbst? Hat sich der Schriftsteller möglicherweise von Andalusien, vom Licht der Stadt Córdoba, von der Abenddämmerung an den Flußgestaden des Gualdalquivir und von einer Zigeunerin mit dunklen Augen und pechschwarzen Haaren, die ihn um eine Zigarette bat, verzaubern lassen?

Mérimée verliert darüber kein Wort, aber man kann sich leicht seine Faszination beim Anblick des schönen Zigeunergesichtes vorstellen, auf das der schwache Lichtschein des Luntenfeuerzeuges fiel, mit dem sich das Mädchen die Zigarette anzündete. Wurde vielleicht in jenem Augenblick in Mérimées Phantasie die Liebesgeschichte geboren, in der er selbst den baskischen Dragoner und die wolfsäugige Zigeunerin mit dem schönen Haar die Carmen spielte? Gewiß, jede Mutmaßung über die Beziehungen zwischen dem Autor und den von ihm geschaffenen Figuren ist reine Spekulation, aber was spricht gegen die Vorstellung, daß Mérimée seine Geschichte zumindest teilweise erlebt hat? Carmen stiehlt dem Archäologen die goldene Taschenuhr und einen Teil seines Herzens. Zwar distanziert sich der Erzähler nach außen von seinem eigenen Werk, aber ich bin überzeugt, daß Don José, der Archäologe und Prosper Mérimée ein und dieselbe Person sind. Sie alle erliegen der Faszination jener schönen, unwiderstehlichen Frau, die einen Mann um den Verstand zu bringen vermag und Carmen heißt. «Aus welchem Lande mögen Sie wohl sein, Señor? Ich denke mir: aus England!» fragt Carmen den Archäologen.

«Ich bin Franzose – und Ihr ganz ergebener Diener! – Sie selbst aber, Señorita oder Señora, Sie sind gewiß aus Cordova gebürtig?»

«Nein.»

«Dann aber wenigstens aus Andalusien – was ich aus dem Wohlklang Ihrer Stimme schließen zu dürfen bitte.»

An einer anderen Stelle der Novelle beschreibt Don José selbst, wie Carmen war: «Carmen log, Señor; sie hat immer gelogen! Vielleicht hat sie in ihrem ganzen Leben kein einziges wahres Wort gesprochen ... Wenn sie aber redete, so glaubte ich ihr – dagegen war kein Kraut gewachsen!»

Hier wird das Gefühl der Ohnmacht gegenüber Carmens Charakter deutlich ausgesprochen. Don José war so blindlings in die Zigeunerin verliebt, daß er bekannte: «Ich war verrückt, ich begriff nichts mehr.»

Über die Oper Carmen

Die Oper *Carmen* ist in gewisser Hinsicht ein Verrat an Mérimées Novelle. Einerseits verniedlicht sie die Beziehung zwischen Carmen und Don José, andererseits unterschlägt sie Personen von fundamentaler Bedeutung, beispielsweise den Ehemann von Carmen, den Don José herausfordert und tötet, wobei ihm Carmen als Komplizin zur Seite steht.

In der Oper treten zwei neue Figuren auf. Die eine heißt Micaela. Sie ist das Gegenstück zu Carmen, eine musterhafte, schlichte, sittsame, herzensgute Frau. Die zweite Neuerfindung hört auf den Namen Escamillo, auch der *toreador* genannt. Sie ist wohl eine Abwandlung des letzten von Carmens Liebhabern in der Novelle, einem *picador* namens Lucas. Wer könnte sich heutzutage *Carmen* noch ohne Escamillo, den Torero, vorstellen? Der pseudospanische Verschnitt stammt nicht von Mérimée, sondern von Bizet oder eher noch von den Textdichtern Meilhac und Halévy, die das Libretto der Oper verfaßten.

In der Novelle wird Lucas der *picador* nur mit wenigen Zeilen erwähnt. So ist er zwar eine Randfigur, aber als letzter Liebhaber von Carmen entfesselt er immerhin den angestauten Zorn des Don José, der im Tod der Zigeunerin gipfelt. Wenn Spanien für Mérimée (wie für Doré, Davillier oder

Georges Bizet (1838–1875).

Théophile Gautier) ein mysteriöses, wildes, reizvolles Land war, so führen die Librettisten der Oper ihrem Publikum ein gefährliches Spanien vor, das ihnen nicht ganz geheuer ist. Und das in einer Zeit, in der Zuschauer und Kritiker gleichermaßen empfindlich auf den «mauvais goût» und auf Grausamkeiten reagierten, die notdürftig mit allerlei oberflächlichem, buntem Beiwerk bemäntelt sind. Die Verfasser des Librettos wußten genau, wie heikel es war, eine Frau auf die Bühne zu stellen, die zugleich Diebin, Hexe, Hure und fast auch Mörderin ist, eine Frau, die außerdem jeder Art von herkömmlicher Moral spottet und gegenüber dem Leben eine Haltung einnimmt, die an Anarchismus grenzt. Mit einer Geschicklichkeit, die heutzutage als ärgerlich empfunden wird, machten sich die Librettisten daran, das Verhalten der Zigeunerin aus der Tabakfabrik abzuschwächen. Wie wir schon gesehen haben, erfanden sie sogar ein «Gegenstück» zu Carmen. Mir scheint, daß diese Micaela überflüssig ist, obwohl ihre Existenz immer wieder durch dramaturgische Notwendigkeiten gerechtfertigt wird. Sie versucht, eine Brücke zwischen Don José und dessen eigener Vergangenheit zu schlagen. Sie ist es, die zu ihm von der Mutter spricht...

Ich meine, daß in der Oper die Gewalttätigkeit und Sinnlichkeit fehlen, schließlich auch das Mysterium und sogar die innere Glaubwürdigkeit eines Verhaltens, das bei Mérimée am Ende voll verständlich wird, ohne daß es einer Rechtfertigung bedarf. Carmen ist so, und damit Schluß! Carmen ist kein konventioneller Mensch. Sie verkörpert die Freiheit, eine Freiheit, der sie andere Menschen opfert, für die sie stiehlt und hurt.

Bizets Musik ist sehr schön und zeugt von echter Inspiration. An manchen Stellen ist sie außergewöhnlich und unvergeßlich. Angeblich ist *Carmen* die meistgespielte Oper der Welt... Wie dem auch sei: Abgesehen von den zwei oder drei Melodien, die es zu weltweiter Beliebtheit gebracht haben, gibt es eine Reihe anderer, sehr gefälliger Passagen. Insgesamt kann von dieser Oper gesagt werden, daß sie außerordentliche Qualitäten besitzt. Ich vermute, daß Bizet sich der Gefahr eines «Pasticcio» sehr wohl bewußt war, als er die Musik zu dieser Oper schrieb. Mit wachen Sinnen sichtete er eine Folklore, die schon damals ein Exportschlager war, und verwendete gewisse spanische Melodien, wobei er stets Intelligenz und Einfühlungsvermögen walten ließ. Wie die Chronisten berichten, war die Uraufführung von *Carmen* in der Opéra Comique 1875 eine absolute Katastrophe. Die Zuschauer empörten sich, und die Kritiker verrissen das Werk offenbar einhellig. Doch nicht genug, daß die Gestalt der Carmen trotz des süßlichen Librettos von der Pariser Gesellschaft als skandalös empfunden wurde, was einem nur schwer einleuchten will, denn es gibt viel schockierendere Beispiele aus jener Zeit – auch an Bizet als Musiker ließ man kein gutes Haar. Von dieser Niederlage hat er sich nie erholt. Er starb genau drei Monate nach der Uraufführung von *Carmen.*

Carlos Saura: **Drehbuch unserer «Carmen»**

Antonios Studio, abends

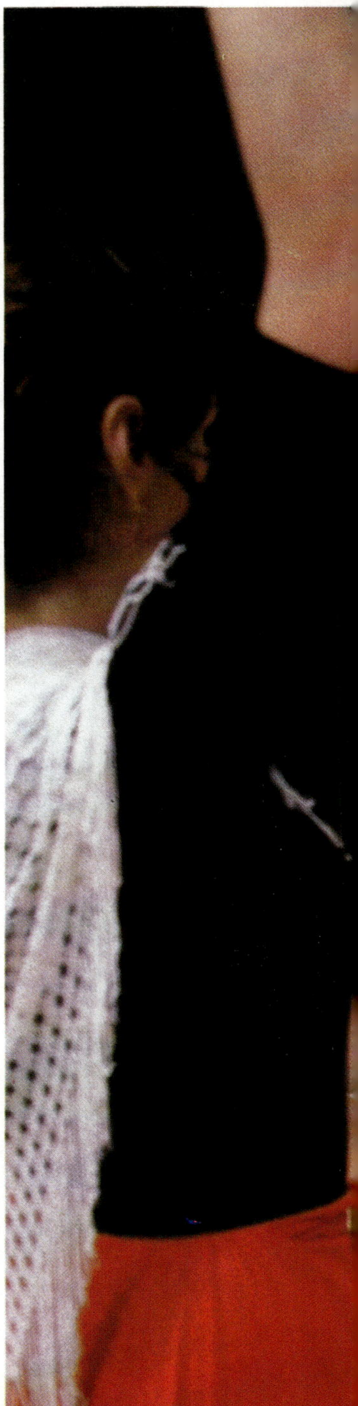

Wir befinden uns in einem weiträumigen Tanzstudio. Große, schwarze Vorhänge bedecken die Wände. Eine irreal anmutende Atmosphäre umgibt die Gruppe aus einem Dutzend junger Tänzerinnen, die spanische Tanzkleider tragen – jede nach eigenem Geschmack: Röcke mit Volants und großen Tupfen, rote, glänzende Schultertücher, große Dekolletés und die unvermeidlichen schwarzen Schuhe mit dem typischen Flamenco-Absatz. Die Gruppe wird angeführt von ANTONIO, Choreograph, Tänzer und Hauptdarsteller unserer Geschichte, der den Mädchen die Tanzschritte vorgibt. Er ist ein noch immer junger Mann, dessen schlanker, durch Training und Beanspruchung muskulöser Körper in dem großen Spiegel, der den unteren Teil der gesamten Wandfläche bedeckt, reflektiert wird. In seinem Gesicht mit den gut gezeichneten Wangenknochen, die durch eine feine Nase noch betont werden, fallen die dunklen, durchdringenden und stets wachsamen Augen auf.
Er dreht sich vom Spiegel weg und wendet sich den Mädchen zu; dabei akzentuiert er den Tanzrhythmus durch Schnalzen mit den Fingern. In seinem Gesicht zeichnet sich Besorgnis und vielleicht sogar ein wenig Verdruß ab. ANTONIO sucht die Hauptdarstellerin für sein nächstes Ballett, eine sehr freie Version von *Carmen* nach der Novelle von Prosper Mérimée und der Oper von Bizet. Er möchte «etwas ganz anderes» daraus machen, weiß aber noch nicht, was und wie. Das Wichtigste ist für ihn zunächst, *seine* Carmen zu finden. Eingehend betrachtet er die Mädchen.
Die Stimmung im Studio ist angespannt, und das von oben einfallende Licht erhellt die Gesichter der Kandidatinnen, markiert deren Züge und hebt ihre Augenringe hervor. Er ist nicht zufrieden. Irgend etwas stimmt nicht... Er klatscht ein paarmal in die Hände und unterbricht damit den Rhythmus, der schon langweilig und eintönig klang.

Gut, gut! Gehen wir jetzt zu dem anderen Schritt über, bitte!

Er geht zum anderen Ende des Raumes; gehorsam folgen ihm die Mädchen. Sie stellen sich erneut auf und warten auf sein Zeichen zum Beginnen. ANTONIO, dem Spiegel zugewandt, führt die Gruppe an und zeigt ihr die neuen Schritte. Die Mädchen beginnen mit der Übung. Die Absätze ihrer Schuhe erzeugen auf dem Bühnenboden jenen eigenartigen Klang, der dem Besucher von Flamenco-Tanzschulen wohlvertraut ist. Dieser rhythmisch abgehackte Klang erfüllt den mit einer guten Akustik ausgestatteten Raum. ANTONIO feuert die Mädchen an:

Gut, sehr gut; weiter so!

Er tritt ein paar Schritte zurück, um sie besser beobachten zu können.
Die Mädchen, die sich nun alle zusammen gleichförmig bewegen, bilden eine kompakte, farbenfrohe Einheit.

ANTONIO unterbricht die Übung; er ist müde. Immer noch nicht hat er gefunden, was er sucht: die Hauptdarstellerin seiner *Carmen*.

Genug, genug! Einen Augenblick, bitte!

Er schaut zu den Mädchen hin. Sein unruhiger Blick bleibt auf einer von ihnen haften.

Du! Die anderen sind ruhig, bitte!

Die Tänzerin ist dunkelhaarig; sie trägt eine über dem Bauch geknotete schwarze Bluse mit weißen Punkten. Sie tritt vor. Die anderen schauen zu, die Arme in die Seiten gestemmt, halb ärgerlich, halb gelangweilt. Ohne auf seine Anweisung zu warten, hebt das Mädchen die Arme und führt nahe bei ANTONIO seinen Tanz vor. Das Gesicht des Choreographen bleibt ausdruckslos, während er sich die Übung ansieht. Abrupt und überraschend unwirsch läßt er sie abbrechen.

Gut. Das genügt!

Er streckt den Arm aus und deutet auf eine andere Tänzerin:

Bitte!

Aus der im Halbdunkel stehenden Gruppe löst sich ein Mädchen in einem sehr eng anliegenden, schwarzen Kleid, das ihre Brüste und Hüften stark abzeichnet. Katzenartig und sinnlich sind die Bewegungen, die sie ANTONIO vorführt.

Das genügt! Danke.

Enttäuscht, die Arme noch über dem Kopf, macht sie eine halbe Drehung und geht an ihren Platz zurück.
ANTONIO wiederholt dasselbe noch mit einem weiteren Mädchen, das ein sehr anziehendes, ernstes Gesicht hat. Sie biegt sich im Takt der Tanzschritte ... nach rechts, nach links ... eine Drehung ...

Genug! Genug!

ANTONIO beendet die Übung. Er ist enttäuscht. Ohne ein weiteres Wort verläßt er die Gruppe und begibt sich zu drei Personen, die auf einfachen, unlackierten Stühlen mit Rohrgeflecht außerhalb des Podiums sitzen, das als Tanzfläche dient. Ebenso unwirsch wie vorher wendet er sich an die Frau:

Cristina, mach' du weiter mit den Mädchen, sei so gut!

Dies sagt er zu der ersten Tänzerin des Ensembles, einer Frau von etwas über dreißig Jahren in schwarzem Rock und rotem Oberteil, die sich gehorsam erhebt und auf das Podium steigt. Dabei fragt sie:

Soll ich mit dem gleichen Schritt weitermachen?

ANTONIO ist es gleichgültig, enttäuscht wie er ist. Er hat nicht mehr das geringste Interesse an den Übungen der Mädchen.

Ja, mit dem oder einem anderen. Ist egal. Was du willst.

Gehorsam stellt sich CRISTINA vor den Mädchen auf. Und bald hört man das Klappern der Absätze, das die neue Übung anzeigt. ANTONIO setzt sich neben PACO, den Komponisten und Gitarristen des Ensembles, der knapp über 30 ist, mit langem Haar und dem unverwechselbaren andalusischen Akzent.

Paco, wann hast du vor, nach Sevilla zu gehen?

Ich will morgen früh fliegen – mit dem Flugzeug um acht oder um neun.

ANTONIO nickt und sagt:

Tu mir einen Gefallen: Geh bei der Akademie von Enrique «El Cojo» vorbei oder bei «Caracolillo»... Schau auch mal bei «Los Gallos» rein, vielleicht findest du da ein Mädchen, das uns die «Carmen» spielen kann.

Was ist los? Gefällt dir keine von denen hier?

Die eine oder andere ist ganz gut, aber nicht für die «Carmen»,

antwortet ANTONIO.

Antonios Studio, bei Tag

Das Studio sieht jetzt ganz anders aus, weil die Dunkelheit von vorher sich in Licht und Helligkeit verwandelt hat. Durch die riesigen Fenster, die von dem die ganze Wand bedeckenden Spiegel reflektiert werden, fällt eine Flut von Licht ein, das einen offenen, fast unbegrenzten Raum schafft, in welchem das Studio mit der es umgebenden winterlichen Landschaft verschmilzt.
Vor dem Spiegel proben einige Mitglieder des Ensembles von ANTONIO verschiedene Übungen, wobei sie manchmal mit der reflektierten Landschaft eins werden.
Ein auf dem Boden sitzendes Mädchen, die Beine in Yoga-Stellung gekreuzt, ordnet ihr Haar und betrachtet sich dabei in dem großen Spiegel. Hinter ihr, anfangs verschwommen und dann schärfer aufgenommen, proben einige Männer zwischen zwanzig und dreißig Jahren, die ganz normal mit Jeans und Sporthemden bekleidet sind, ein paar Tanzschritte. Wie immer sind es die schwarzen Tanzschuhe mit den höheren Absätzen, die ihre Träger als Tänzer ausweisen.
JUAN ANTONIO, der später den EHEMANN tanzen wird, konzentriert sich darauf, das Klacken seiner Absätze in Einklang zu bringen mit den rhythmischen Schlägen, die er mit seinem Rohrstock auf dem Holzpodium hervorruft. Die Laute einer Gitarre, Kastagnetten, rhythmisches Händeklatschen und das Stampfen der Absätze erfüllen das Studio. Und über all dem beginnt man nun einer traurigen Melodie zu lauschen, die mit der warmen Stimme einer Frau erklingt. Es ist PEPA FLORES, die da singt. Ihre Stimme wird zum wohlklingenden Hauptakteur, der uns über den Parkettboden in den anderen Teil des Studios geleitet, welcher sich auf einer tieferen Ebene befindet und zu dem ein paar Stufen hinabführen. Hier ist ein großer Raum, den die bis zur Decke reichenden Fenster, durch die man auf den Park «Casa de Campo» von Madrid schaut, verschwenderisch mit Licht erfüllen. In diesem Raum, der mit Tischen und Stühlen vollgestellt ist, proben jetzt PEPA, PACO, TONIN, GOMEZ und ein paar andere. «Laß das Weinen! Laß das Weinen! Du sollst nicht länger leiden», singt die warme Stimme der Frau.
In einer Ecke der Estrade, die als Tanzfläche dient, isoliert von den anderen, sehen wir ANTONIO mit dem gewohnt ernsten Gesicht, das jetzt sehr konzentriert wirkt: er lauscht einem Tonband, das auf dem vertikalen Abspielgerät mit den großen Spulen abläuft. Er dreht an den Bedienungsknöpfen und läßt das Band vorlaufen und zurück, als suche er eine bestimmte Stelle. Endlich hat er sie gefunden, und dann hört man einen Ausschnitt aus der Oper *Carmen* von Bizet. Die schöne, gewaltige Sopranstimme vermischt sich temperamentvoll mit dem Lied «Laß das Weinen» von PEPA.
ANTONIO scheint diese Mischung der Gesänge und Stilarten nicht zu stören, so beschäftigt ist er mit der Oper. Unbewußt schlagen seine Finger im Rhythmus der Opernarie auf den Tisch. Er hält das Band an, läßt es aber sofort wieder weiterlaufen.

Wieder spult er zurück, um die Stelle zu finden, die ihn interessiert. Jetzt hat er sie. Wir haben sie erst vor wenigen Augenblicken gehört, doch nun erschallt sie mit größerer Lautstärke: «Près des remparts de Séville, chez mon ami Lillas Pastia, j'irais danser la seguidilla et boire du manzanilla...» Die Oper ertönt nun so laut, daß PEPA aufhört zu singen und die Gitarristen ihr Spiel unterbrechen. Sie lauschen der Melodie, die der Mezzosopran singt. PACO bemerkt:

Das ist eine schöne Melodie...

Dann beginnt er die Gitarre zu schlagen und versucht, sich in Flamenco-Art der Opernmelodie zu nähern, der ANTONIO noch immer lauscht. Langsam nimmt die der Oper entnommene Melodie auf der Gitarre Gestalt an und geht allmählich in den Rhythmus von «Bulerías» über. PACO bemerkt:

Es macht sich gut als «Bulería».

Alle werden von der unwiderstehlichen Macht dieses Rhythmus' mitgerissen: die einen begleiten ihn mit ihren Gitarren, die anderen durch rhythmisches Händeklatschen oder anfeuernde Rufe. Man spürt deutlich, daß diese eigenartige Version der Oper ihrem Temperament und Empfinden mehr entspricht. Bizets *Carmen*, die Musik seiner Weltoper, kehrt heim in das Land, in dem die Geschichte ursprünglich spielt. PACO macht eine Pause und sagt:

Das wäre was für Antonio...

Und mit zufriedener Miene fügt er hinzu:

...Mit dem hier würde er besser zurechtkommen als mit dem Orchester. Ich werde ihn fragen...

Er nimmt seine Gitarre und geht zu dem Platz, wo ANTONIO, völlig abwesend, mit der Oper von Bizet beschäftigt ist. PACO unterbricht seine isolierte Tätigkeit:

Schau, Antonio... wir haben uns diese Melodie angehört, und ich glaube, daß es für dich nicht das Richtige zum Tanzen ist...

Er setzt sich auf einen der Tische ANTONIO gegenüber. Die anderen kommen hinzu. Er fährt fort:

...Ja, das Orchester macht nämlich eine Reihe von Ritardandi, um der Stimme zu folgen, und das wird für dich sehr schwierig werden. Du wirst wie ein Storch mit einem Bein in der Luft hängen...

ANTONIO lacht zum ersten Mal. Auch die anderen fangen an zu lachen. PACO fährt fort:

Man müßte einen gleichmäßigeren Rhythmus finden – wie den der «Bulerías» zum Beispiel... Schau, hör zu...

Er konzentriert sich auf die Gitarre. Um sich einzustimmen, spielt er ein paar Akkorde, und dann hat er auch schon das musikalische Thema der Oper im Takt der «Bulería».

Skizzen, angefertigt von Carlos Saura für das Drehbuch der «Carmen».

ANTONIO folgt dem Rhythmus der «Bulería» und schlägt mit der Hand den Takt auf der Stuhllehne. Dabei bewegt er sich wie im Tanz. Man sieht, daß diese Entdeckung ihm gefällt.
Er erhebt sich und geht auf die Bühne zu, wo der Rest des Ensembles weiter geprobt hat. Er ruft CRISTINA.
CRISTINA bricht ab, was sie gerade tut, und kommt zu der Gruppe. Als sie ANTONIO erreicht, sagt dieser zu PACO:

Paco, im Prinzip gefällt es mir gut, aber ich wünschte mir, es wäre ein wenig getragener, verhaltener, fast so wie der Rhythmus der Oper.

Gehorsam spielt PACO etwas langsamer.

Findest du es so besser?

ANTONIO nickt:

Ja, so stimmt es.

Er wendet sich an CRISTINA und weist sie an:

Fang du jetzt zu tanzen an, Cristina, wenn die Melodie einsetzt.

ANTONIO klatscht den Takt mit den Händen. Mit unnachahmlicher Grazie nimmt CRISTINA den Rhythmus auf und beginnt zu tanzen. Und dann tanzen beide. Angefeuert von den übrigen, tanzt das Paar so unbefangen und natürlich, als hätte es nie im Leben etwas anderes getan. Die Melodie ist zu Ende, und CRISTINA gibt ihrer Zufriedenheit Ausdruck. ANTONIO entschließt sich, auf der Grundlage dieses Rhythmus zu arbeiten, und sagt zu CRISTINA:

Hör zu, mach folgendes: Bring den Mädchen ein paar Schritte in diesem Rhythmus bei. Oder besser gesagt: Körperhaltungen... Armbewegungen...

CRISTINA nickt zustimmend.

In Ordnung!

ANTONIO wendet sich an PACO:

Sehr gut, Paco, sehr gut. Arbeite weiter in dieser Richtung...

Er macht eine halbe Drehung und geht auf den Spiegel zu. Auf dem Weg dorthin sagt er zu den Männern, die auf dem Podium proben:

Auf, auf! Raus mit euch Burschen! Schnell!

Die Männer verlassen die Estrade, während die Mädchen sich um CRISTINA gruppieren, die zu ihnen sagt:

Wir machen jetzt ein paar Schrittübungen nach Art der «Bulería» zum Rhythmus, den wir hören... Los! Und eins, und zwei!...

Und damit nimmt sie vor der Gruppe Mädchen Aufstellung, stets zum Spiegel hingewandt; die Mädchen beginnen sich zu bewegen und ahmen dabei die Armbewegungen nach, die sie ihnen vormacht.

Und eins... Und zwei... So ist's richtig! Gut, gut...! Die Ellbogen nach hinten!

ANTONIO geht an der Seite hin und her und beobachtet die Gruppe der Frauen, die nach den von der Gitarre gesetzten Rhythmen die «Bulería» tanzen. Dabei kommt er bis zum Spiegel vor. Er macht einen abwesenden, besorgten Eindruck. ANTONIO ist besessen von der Version der *Carmen*, die er zur Aufgabe hat. Vielleicht weil in dieser Gruppe die Carmen, die er sucht, nicht zu finden ist, ruft der Anblick der Tänzerinnen folgenden Satz aus dem Buch von Mérimée in sein Gedächtnis:

> **«Sie war eine seltsam wilde Schönheit. Die Lippen waren etwas zu voll, aber schön gezeichnet und ließen Zähne sehen, weißer als Mandeln, die soeben geschält sind.»**

Er wendet sich nun an die von CRISTINA angeführte Truppe und schreit ihr zu:

> **Also bitte, seht euch an, wie sie es macht!**

ANTONIO hat seinen Gedankengang unterbrochen, weil er sieht, daß eines der Mädchen die Armbewegungen CRISTINAS nicht pünktlich nachvollführt. Schlecht gelaunt sagt er noch einmal:

> **Ihr sollt nicht nur den Schritt lernen! Ihr sollt euch auch ansehen, wie sie es macht!**

Als er sieht, daß die Koordinierung jetzt besser klappt, kehrt er zu seinen Gedanken zurück und fährt in dem unterbrochenen Text fort:

> **«Ihre Haare, vielleicht ein wenig grob, erglühten in tiefem Schwarz, durchschimmert von den blauen Reflexen des Rabengefieders. Ihre Augen hatten einen sinnlichen und zugleich grausamen Ausdruck, wie ich ihn in keinem menschlichen Antlitz je wiedergefunden habe. ‹Zigeunerauge: Wolfsauge!› sagt ein von guter Beobachtung zeugendes spanisches Sprichwort.»**

Paco de Lucía y el grupo de los "FLAMENCOS"

Antonio escucha la música

Lleva el ritmo con la mano

Se levantan y van hacia Antonio.

Llegan donde está Antonio.

Tanzschule, am Nachmittag

Die Tanzschule befindet sich im Erdgeschoß eines Gebäudes in der Madrider Altstadt.

Guten Tag.

Der Junge mit ausländischem Akzent wendet sich an jemand, der sich im Innern einer Art offenen Kabine befindet, die als Portiersloge dient und in der lediglich ein Telefon zu sehen ist. Man hört die Stimme einer Frau, die auf den Gruß antwortet. Der Junge reicht durch die Fensteröffnung seine Sporttasche hinein, die von einem Paar Hände entgegengenommen wird. Jungen und Mädchen, die meisten sehr jung, begegnen sich am Eingang.

Hallo, Maria... Wie geht's dir?

In der Portiersloge, Consiergerie oder auch Kontrollhäuschen – das alles ist sie gleichzeitig – steht ein zwanzig Jahre altes Radio, in dem irgendein Programm läuft. Eine stattliche Katze springt auf den Holzstuhl, auf dem ein Häkelkissen liegt. Die Wände sind mit Regalen bedeckt, in denen die Taschen und andere Gegenstände der Schüler aufbewahrt werden.
Die Schüler drängen sich in dem ziemlich engen Flur, um in ihre Klassenräume zu gehen. Sie haben Sporttaschen, und die meisten tragen schon Trainingskleidung: Gymnastikanzüge in grellen Farben. Die Mädchen, die den Flamenco-Tanz erlernen, tragen knöchellange Röcke mit Punkten und Schuhe mit dem typischen Absatz für diesen spanischen Tanz. Man ist überrascht, orientalische Gesichter beiden Geschlechts zu sehen, besonders aber japanische Jungen, die hier Gitarre spielen lernen. Durch die Tür im Hintergrund, die zur Straße führt, kommen und gehen junge Mädchen und Burschen; fast alle sind sie dick angezogen mit Windjacken und Anoraks. In diesem Moment betreten, unter die jungen Leute gemischt, ANTONIO und PACO das alte Gebäude. Als sie zur Portiersloge kommen, beugt ANTONIO sich herunter, um besser mit der Frau in den Fünfzigern sprechen zu können, die bisher nicht zu sehen war und die auf einem Stuhl sitzt.
ANTONIO grüßt sie mit der Vertrautheit von jemandem, der hier gut bekannt ist:

Guten Abend, Maria. Um wieviel Uhr unterrichtet Maria Magdalena?

Die PFÖRTNERIN antwortet:

Sie hat schon angefangen. Um fünf ist ihre erste Stunde.

In welchem Studio?

Die PFÖRTNERIN zeigt auf eine nicht weit entfernte Tür. Von weitem hört man den unverwechselbaren Klang der klappernden Kastagnetten, eine rhythmische, mitreißende Musik, die wie in Wogen an- und abschwillt.

In der Nummer zwei. Das zweite Studio rechts.

ANTONIO bedankt sich und geht mit PACO in die angezeigte Richtung. In diesem Moment begegnet ihnen ein kleiner Mann mit hagerem Gesicht, schlank, mit der Figur eines Tänzers. Es ist CIRO, einer der Lehrer für Flamenco an der Schule und ein früherer Kollege von ANTONIO. Sie begrüßen sich herzlich. ANTONIO spricht als erster:

Ciro! Mann!

Was machst du denn hier, Antonio?

Sie umarmen sich. CIRO fragt scherzend:

Na, noch ein bißchen was lernen?

Worauf ANTONIO in dem gleichen scherzhaften Ton erwidert:

Wie du siehst... Damit man nichts verlernt... Wie geht es dir?

Gut, gut...

ANTONIO ist in Eile, denn er ist in einer sehr konkreten Angelegenheit in die Schule gekommen, und außerdem ist PACO von dem Gespräch ausgeschlossen; er will es daher beenden und sagt:

Also, Ciro, es hat mich gefreut...

Sie verabschieden sich und gehen zum Studio Nummer zwei.
In dem Maße, wie sie sich nähern, schwillt der Klang der Kastagnetten an, die von den Professionellen auch «Palillos» genannt werden. Sie betreten den Unterrichtsraum von MARIA MAGDALENA.

Klasse von Maria Magdalena, gegen Abend

In dem Klassenraum befinden sich etwa zwanzig Jungen und Mädchen; stehend, die Arme weit ausgestreckt, befolgen sie aufmerksam und diszipliniert die Anweisungen ihrer Lehrerin, einer kleinen, rundlichen Frau in den Fünfzigern, die ihre Befehle schreien muß, um sich durch den ohrenbetäubenden Lärm der Kastagnetten hindurch Gehör zu verschaffen.

Hoch die Köpfe!... Nach links!... Runter mit dem rechten Arm!...

Aufmerksam verfolgt sie die Bewegungen jedes Schülers.

Der Kopf, bitte!... In die Mitte!... Und jetzt runter!... Die Arme hoch, hoch wie die Flügel eines Adlers. Langsam, weich! Hoch!... Ja, so! Und eins... und zwei und drei! Und weiter, vier!...

ANTONIO und PACO setzen sich auf die einzige Bank und schieben die Kleider und Taschen, die die Schüler dort aufgetürmt haben, zur Seite. ANTONIO schaut sich aufmerksam die Mädchen an, die sich längs aufstellen in dem rechteckigen Raum mit den alten, getünchten Wänden und dem vom Flamenco maltraitierten Holzboden. Die hintere Wand wird von einem Spiegel bedeckt, der sichtbare Rostspuren aufweist. Durch die beiden vergitterten Fenster, die auf die Straße zeigen und durch die man den Verkehr hört, sickert warm und golden das letzte Licht des Tages herein. Einige der Mädchen sind sehr hübsch. Die Übung wird schneller. Das jetzt frenetische Klappern der Kastagnetten steigert sich dem Ende zu. Ganz plötzlich bricht der Lärm ab, das Echo von den Wänden bleibt in der Luft stehen, und man hört das Atmen der erschöpften Schüler; die entstehende Unruhe wird von Stimmen und Rufen untermalt.
MARIA MAGDALENA, die Lehrerin, die, obwohl ständig in Bewegung, keine Anzeichen von Ermüdung zeigt, sagt zu ihnen:

Nicht schlecht, Kinder... Nicht schlecht... Aber vergeßt nicht, daß die Technik nur dazu da ist, die Kunst zu vervollkommnen. Ihr müßt die Kastagnetten betätigen, ohne das Handgelenk zu bewegen. Den Arm weich erheben und gebeugt. Die Taille dort, wo sie hingehört. Die Hüften weit weg von der Taille. Die Brüste wie die Hörner eines Stiers, aber nicht starr, sondern weich und warm...

Das mit den «Brüsten wie die Hörner eines Stiers» amüsiert ANTONIO; er macht darüber eine Bemerkung zu PACO, die man aber nicht hört.
MARIA MAGDALENA fährt fort:

Den Kopf stolz erhoben, und bitte: in keinem Augenblick dürft ihr die Hände bewegen. Auf, wir machen weiter mit der nächsten Übung. Ihr wißt ja, ich zähle eins, und zwei, und bei drei: klick klack, Kopf; klick klack, Kopf; klick klack...

Die Schüler folgen gehorsam den Anweisungen der Lehrerin.
Geräuschvoll öffnet sich die Tür des Klassenraums, und ein dunkelhaariges, vollbusiges junges Mädchen tritt ein. Ohne Entschuldigung legt sie ihre Sachen auf die Bank, auf der PACO und ANTONIO sitzen. ANTONIO betrachtet sie aufmerksam.
Das zu spät kommende Mädchen ist schon für den Unterricht angezogen: grell orangefarbenes Oberteil, schwarzer Rock, Tanzschuhe..., sie trägt sogar schon die Kastagnetten an den Händen.
MARIA MAGDALENA gibt ihr, ohne deswegen den Unterricht zu unterbrechen, einen kleinen Verweis:

Los, Carmen. Du kommst aber auch immer zu spät. Stell dich auf!

Als er den Namen Carmen hört, sind ANTONIOS Sinne hellwach.
CARMEN gehorcht und reiht sich in die Gruppe der Mädchen ein. Ohne Schwierigkeit nimmt sie den Rhythmus auf, den die Lehrerin angibt.

Hoch... Weich... Greift weit in den Raum hinein!... Auf den Kopf achten! Auf den Ausdruck...

ANTONIO betrachtet das junge Mädchen mit außerordentlicher Gespanntheit. Sie hat mandelförmige Augen, eine klare Stirn und leicht gewelltes Haar, das im Nacken zusammengefaßt ist. Ihr beinahe ägyptisches Profil verleiht ihr etwas Besonderes, das sie von all den anderen Mädchen abhebt. Sie hat einen wollüstigen, sinnlichen Körper. Beim Anblick dieser Frau fliegen die Gedanken von ANTONIO wieder zu Mérimées Beschreibung:

> **«Ich hob die Augen und sah sie. Es war ein Freitag, und ich werde ihn nicht vergessen. Zuerst gefiel sie mir gar nicht, und ich nahm meine Arbeit ruhig wieder auf. Sie aber, gemäß dem Brauch aller Frauen und aller Katzen, nicht zu kommen, wenn man sie ruft, und zu kommen, wenn man sie nicht ruft, trat vor mich hin und redete mich an.»**

Antonios Studio, abends

Carmen, eingemummt in eine Pelzjacke, gibt ANTONIO die Hand.

Guten Abend.

Hallo, wie geht es dir?

ANTONIO schaut das Mädchen an und drückt ihre Hand.
CARMEN legt die Tasche mit ihren Sachen auf einen der Tische. Hinter ihr kommt PACO mit einem dunkelhäutigen Mann mit lockigem Haar und Schnurrbart; es ist GIRON, ihr Agent und wohl auch ihr Liebhaber. Die Lichter im Studio brennen, die Wände erscheinen dunkel, weil die schwarzen Vorhänge zugezogen sind. Der Spiegel leuchtet über die ganze Länge der Wand ... Der großspurige Typ begrüßt ANTONIO.

Mann, Girón, ich wußte nicht, daß du sie bringen würdest.

Am Tonfall und der geringen Begeisterung ANTONIOS erkennt man, daß diese Person ihm ganz und gar nicht gefällt. Angeberisch antwortet GIRON:

Ja, ich führe sie exklusiv. Was für ein Schmuckstück von Studio! Einfach Klasse!

Er blickt sich im Studio um. CARMEN bestätigt seinen Eindruck, während sie eine Zigarette aus ihrer Tasche nimmt.

Ja, wirklich toll ... Hör mal, gib mir Feuer!

CARMEN wendet sich dabei nicht an eine bestimmte Person. GIRON kommt ANTONIO zuvor und entzündet ein teures Feuerzeug, das er aus seiner Hosentasche zieht. CARMEN bläst ANTONIO den Rauch ins Gesicht und fragt:

Soll ich mich umziehen?

ANTONIO scheint befangen durch die Keßheit des Mädchens.

Nein, nein, nicht nötig ... wie du willst.

Also, dann ziehe ich mich nicht um.

Das sagt sie frech und herausfordernd. Sie zieht den Pelz aus und folgt ANTONIO über die Stufen zur Bühne. Mit der einen Hand raucht CARMEN, mit der anderen streift sie das Haar zurück. Sie stellt sich in der Mitte auf, und ANTONIO gibt ihr ein paar Schritte vor, denen sie mit Leichtigkeit folgt.

ANTONIO bemerkt:

Gut. Jetzt laß uns mal sehen...

Durch Pfeifen markiert er einen Rhythmus.

Kannst du mir folgen?
Gut... Los! Jetzt zum Abschluß eine Drehung nach links!...

CARMEN zeigt ihm die halbgerauchte Zigarette, die sie vor seinem Gesicht hin- und herwedelt. ANTONIO wappnet sich mit Geduld, während CARMEN auf GIRON zugeht. Sie gibt ihm die Zigarette und bittet ihn gleichzeitig um einen Schluck des Getränkes, das PACO in der Bar des Studios für ihn zubereitet hat. GIRON sucht sie mit aufmunternden Worten zu beruhigen.

Ganz ruhig, ja? Nur Mut!...

Sie nickt, während sie einen Schluck nimmt, und geht dann zu ANTONIO zurück. Sie beginnen mit einer weiteren Reihe von Übungen.

Wir machen jetzt den gleichen Schritt, aber im Halbkreis...
Nein... Nein! Bitte, entspanne dich. Konzentriere dich auf das, was du tust.

Sie tanzen auf der Bühne. ANTONIO dirigiert CARMEN mit seiner Stimme und seinem Körper. Das Paar beginnt sich aufeinander einzustimmen. Manchmal hat man den Eindruck, sie hätten schon öfter zusammen getanzt. Dann wieder, wie auch jetzt, hört man die befehlsgewohnte, feste Stimme von ANTONIO, die seine Persönlichkeit unterstreicht:

Entspanne dich!... Schau mir in die Augen!... Nein! Schau mich an! Hör nicht auf, mir in die Augen zu sehen!...

Sie nähern sich, sie entfernen sich... Sie berühren sich, sie umarmen sich... GIRON, der das Paar aufmerksam verfolgt, bemerkt zu PACO:

Sie geben ein schönes Paar ab, was?

Ohne große Begeisterung antwortet PACO:

Ja, sie sehen gut aus.

In Wahrheit ist es ein aufregendes Tanzpaar: CARMEN sieht in den engen Jeans, die ihre langen Beine betonen, sehr gut aus; unter der lachsfarbenen Bluse aus duftigem, glänzendem Stoff ahnt man ihre üppigen Brüste. ANTONIO schlank, in weißem Hemd und schwarzer Hose elegant wie immer. Sehr eng tanzen sie nun nach einem langsamen Rhythmus. Ihre Bewegungen sind gewunden und sinnlich. ANTONIO befiehlt ihr, ihn zu streicheln, so wie er es macht:

So... Langsam... Jetzt... Streichle mich... Streichle mich...

Sie gehorcht. Jetzt berühren sich ihre Gesichter, und ihre Blicke kreuzen sich. ANTONIO ist glücklich, ist zufrieden.

Gut, sehr gut.

Sie sieht ihm herausfordernd und kokett in die Augen.

Das ist schon alles?

Für den Moment, ja.

Sie muß nicht weiterfragen; sie weiß, daß sie es geschafft hat, daß sie die CARMEN sein wird, die CARMEN, die ANTONIO als Hauptdarstellerin für sein geplantes Ballett gesucht hat.

Flamenco-Bar, nachts

Die meisten der Gäste, die man mehr ahnen als sehen kann und die an niedrigen Tischen sitzen, welche von kleinen Kerzen beleuchtet werden, sind japanische Touristen. Sie trinken Wein oder Mixgetränke und verfolgen mit andächtiger Bewunderung die Nummer «Typical Spanish».
Die Tänzerinnen bewegen sich gelangweilt und träge – außer einer, die fröhlich und voller Anmut tanzt. Obwohl es schwierig ist, sie zu erkennen, sehen wir, daß es CARMEN ist. ANTONIO, den das Halbdunkel des Raumes verbirgt, betrachtet die Darbietung. Ohne das Ende der «Fiesta» abzuwarten, erhebt er sich, um sich unbemerkt zu entfernen.
In dem kleinen Darbietungsraum, der typisch ist für Flamenco-Shows und dessen maurische Ausstattung eher zur Alhambra in Granada passen würde als zu dieser Umgebung, ertönt der Anfang einer sevillanischen Tanzfolge – ein sicheres Zeichen, daß das Ende der Vorstellung naht – und vier Tänzerinnen in Schweifröcken mit Volants bewegen sich zum Rhythmus, den die Gitarren und ein Sänger produzieren.

Künstlergarderobe, Flamenco-Bar

Das Gesicht von CARMEN erscheint im Garderobenspiegel, der gut beleuchtet ist von den Lampen, die ihn umrahmen. Ihr Antlitz ist eine Maske, die ihre wirklichen Züge verbirgt. Mit peinlicher Genauigkeit beginnt sie, die künstlichen Wimpern abzulösen, die ihre herrlichen Augen noch größer machen. Sie schraubt einen Tiegel auf und nimmt eine großzügige Portion Creme heraus, die sie in ihr verschwitztes Gesicht reibt.
ANTONIO, der hinter ihr sitzt, fragt sie:

Seit wann tanzt du?

CARMEN, die eine Gesichtshälfte noch mit Schminke bedeckt, antwortet in den Spiegel:

Seit ich fünfzehn bin. Ich habe meine Mutter bei den «Fiestas» immer tanzen

und singen gesehen... und klar, weil ich das von klein auf mitbekam, hat es sich mir eingeprägt.

Sind deine Eltern Tänzer von Beruf?

CARMEN lächelt, als sie antwortet:

Ach, was!

Und... wie hast du angefangen? In einem Ballett? Oder wie sonst?

Sie antwortet, während sie sich weiter abschminkt:

Hier in der Show. Vor ungefähr drei Monaten. Im November hatte ich meinen ersten Auftritt.

Singst du auch?

Ein wenig. Aber was mich eigentlich interessiert, ist das Tanzen. Ich nehme täglich Unterricht bei Maria Magdalena und Ciro, Alberto, Lorca...

ANTONIO reicht ihr ein Buch. Ehe sie es nimmt, wischt sie sich mit einem Papiertaschentuch die Creme von den Händen. Sie schaut das Buch an. Es ist eine Taschenbuchausgabe der *Carmen* von Mérimée. Ungeschickt blättert sie es durch. Man sieht, daß Lesen nicht ihre Stärke ist. Ängstlich fragt sie:

Muß ich das lesen?

ANTONIO lächelt:

Du mußt nicht, aber es wäre ganz nützlich.

Ohne weiter darauf einzugehen, bekräftigt CARMEN, ihn immer noch durch den Spiegel anschauend:

Ich sage dir: Wenn ich mir etwas in den Kopf gesetzt habe, dann schaffe ich es auch. Ich bin zäher, als ich aussehe.

Offensichtlich macht es CARMEN nichts aus, daß man ihren ungeheuren Ehrgeiz erkennt. Genau in diesem Moment – und ANTONIO wird dadurch an einer Antwort gehindert – taucht GIRON in der Garderobe auf. Er fragt ANTONIO:

Na, Antonio, wie hat das Mädchen dir gefallen?

ANTONIO beachtet ihn nicht. Er ignoriert ihn vollständig und sagt zu CARMEN, während er sich erhebt:

Ich erwarte dich morgen im Studio.

GIRON wird wütend. Er wartet, bis ANTONIO draußen ist, um dann seinem Ärger freien Lauf zu lassen:

Also wirklich, dieser Kerl spinnt doch! Was glaubt er, wer er ist? Ein Idiot ist er!

Antonios Studio, bei Tag

Wieder im Studio, doch diesmal fällt ein kaltes Winterlicht durch das wandhohe Fenster und erhellt die Tanzfläche. CRISTINA, die vor den Mädchen des Balletts steht, schickt sich an, mit der Einstudierung zu beginnen, diesmal begleitet von der Musik mehrerer Gitarren.

Auf, fangen wir an! Achtet auf die Körperhaltung!

Einheitlich wiegen sich alle von einer Seite zur anderen und betrachten sich dabei im Spiegel, der sich gegenüber befindet. An letzter Stelle im Hintergrund, so als wolle sie nicht bemerkt werden, steht CARMEN; sie hat das Haar in einen tiefen Knoten geschlungen und trägt einen weit ausgeschnittenen, hellblauen Gymnastikanzug. Sie bewegt sich gut und macht es weder besser noch schlechter als ihre Kolleginnen. Während CRISTINA sich in Richtung des Spiegels vorbewegt und dabei rhythmisch und dumpf mit den Händen klatscht, sagt sie:

Achtet auf die Hände... Langsam... Die Hände müssen Tauben gleichen...

Sie dreht sich um und beobachtet die Mädchen von vorne. Langsam bewegt sie sich auf sie zu.

Die Ellbogen nach innen... Auf die Taille achten!...

Plötzlich richtet sie den Blick auf CARMEN. Sie geht in ihre Richtung. Mit offensichtlicher Boshaftigkeit schreit sie diese an:

Wir sind zum Tanzen hier!

Ohne ihr Tanzen zu unterbrechen, wirft CARMEN ihr einen blitzenden Blick zu, aber sie sagt nichts und preßt die Lippen fest aufeinander. Es ist deutlich erkennbar, daß zwischen den beiden Frauen eine Spannung besteht und daß die Härte von CRISTINA unangemessen ist. Sie macht jetzt kehrt und folgt den Ausführungen der Tänzerinnen. Sie schaut auf deren Füße, mißt ihre Bewegungen, sagt jedoch zu keiner etwas Besonderes.

Wechsel! Den Körper hochrecken wie eine Königin!

Sie entfernt sich ein wenig. Jetzt konzentriert sie sich auf CARMEN, die die vorgegebenen Übungen korrekt ausführt.
CRISTINA klatscht ein paarmal in die Hände und unterbricht die Übung. Sie ruft CARMEN:

Carmen! Komm her, Carmen! Komm und schau zu! Mach schon!

Mit mißmutiger Miene tritt CARMEN aus der Gruppe.
CRISTINA macht die Bewegungen vor und gibt vor dem Spiegel eine kleine Darbietung. Die Bewegungen ihrer Arme sind sparsam und überraschend geschmeidig und harmonisch.

Und? Siehst du, was ich meine?

Die Hände in den Hüften, trotzig und mit einem Ausdruck von Unmut schaut CARMEN auf CRISTINA. Ohne sie einer Antwort zu würdigen, tritt sie ein paar Schritte vor und beginnt zu tanzen.
CRISTINA aber entdeckt nur Fehler:

Die Schultern! Die Taille nach oben!... Was ist mit der Körperhaltung?... Mehr Anmut in die Hände!

CARMEN erträgt diesen Schwall mit Würde. Die Zurechtweisung wird unterbrochen, weil in diesem Augenblick der erste Tänzer des Ensembles, JUAN ANTONIO, sich CRISTINA nähert, um ihr zu sagen:

Cristina, Antonio hat mir gesagt, du sollst in sein Büro kommen; er will mit dir sprechen.

Widerwillig läßt CRISTINA davon ab, CARMEN zu quälen, und geht in Richtung des Spiegels. Einer seiner Teilflächen gibt sie einen Stoß, so daß diese sich dreht und als perfekt getarnte Tür erkennbar wird, und dann betritt CRISTINA das Büro von ANTONIO.

Antonios Büro, bei Tag

Antonio sitzt hinter einem geräumigen Tisch voller Papiere. Eine verstellbare Lampe ist die einzige Lichtquelle im Raum, obwohl auch noch Licht von den durchscheinenden Spiegeln kommt, die eine der Wände bilden und durch die man ins Studio sehen kann. Von diesem Büro aus kann man zuschauen, ohne gesehen zu werden. Sobald sie eingetreten ist, fragt CRISTINA:

Du wolltest mich sprechen?

ANTONIO zeigt auf einen Stuhl, der auf der anderen Seite des Tisches steht:

Setz dich.

Die Frau gehorcht. Sie weiß, was ANTONIO ihr sagen will, und macht sich auf einen Rüffel gefaßt. Statt dessen sagt ANTONIO:

Cristina, bitte hilf mir ein wenig,

Ich soll dir helfen? Ich kann nicht mehr tun, als ich mache. Es ist sie, die arbeiten muß und üben.

Sie ist offensichtlich gereizt und scheint nicht zur Kooperation bereit. ANTONIO wappnet sich mit Geduld und sucht sie zu überzeugen:

**Ich bin sicher, daß sie alles machen wird, was wir ihr sagen,
aber erst müssen wir ihr helfen.**

CRISTINA ist jetzt durchschaubar und gibt zu erkennen, was sie denkt:

Ich weiß nicht, was du an der findest. Es gibt bestimmt vierzig Frauen, die besser sind als sie.

CARMEN nähert sich dem Spiegel und ordnet ihr Haar, ohne zu wissen, daß man sie von der anderen Seite beobachtet.
ANTONIO ist nahe dabei, die Geduld zu verlieren, aber er hält sich zurück.

**Das ist meine Sache. Sie ist genau richtig für das,
was ich möchte; sie hat das gewisse Etwas, das weiß ich.**

CRISTINA wirft einen Blick auf CARMEN, die auf der anderen Seite des Spiegels weiter mit ihrem Haar beschäftigt ist. Sie lächelt bitter:

Ja, sie ist jung.

SECUENCIA 13 OFICINA ANTONIO.

Entra Cristina en el despacho Antonio le dice que se siente.

Conversan a traves del cristal-espejo gracias "CARMEN"

CRISTINA

ANTONIO

CRISTINA ist kein junges Mädchen mehr von zwanzig, obwohl sie sich gut gehalten hat und einen Körper besitzt, um den sie viele Frauen ihres Alters beneiden würden.
ANTONIO beschließt, klare Verhältnisse zu schaffen:

> **Wir wollen die Sache ein für allemal klarstellen, Cristina. Du bist diejenige, die besser tanzt, aber du wirst die «Carmen» nicht spielen. Ich brauche einen anderen Typ Frau und eine jüngere. Ist das klar?**

CRISTINA sagt nichts; ANTONIOS Worte haben ihr weh getan. ANTONIO merkt, daß er zu weit gegangen ist, und versucht auszugleichen:

> **Aber Cristina... Weißt du denn nicht, daß ich immer und bei allem auf dich gezählt habe? Ich brauche dich, verdammt nochmal! Ich bitte dich um einen persönlichen Gefallen...**

Und der wäre?

sagt CRISTINA, halb aufatmend.

> **Daß du Carmen hilfst. Daß du mit ihr arbeitest. Daß du ihr alles zeigst.**

Der bittende Ton von ANTONIO scheint sie berührt zu haben. Sie denkt einen Moment nach und antwortet dann:

Gut, ich werde tun, was ich kann.

Und sie erhebt sich, um zu gehen.

MARZO
4

Antonios Studio, abends

Jetzt befinden sich CARMEN, ANTONIO und TONIN, einer der Gitarristen, der auf einem Stuhl mit Rohrgeflecht sitzt und uns den Rücken zuwendet, auf der großen Bühne des Studios.
Die Vorhänge sind zugezogen; die Wände, die von großen Lichtflecken erhellt werden, sehen nackt aus. Nur eine riesige zweiteilige Stehleiter unterbricht die strengen Linien des Raumes.
ANTONIO, sichtlich müde und schlechter Laune, nimmt CARMEN beim Arm, während er ihr eine Zurechtweisung erteilt, die die junge Frau furchtlos über sich ergehen läßt.

Jetzt hör mal zu ... Tanzt du, markierst du nur? Oder was machst du?

Gelassen antwortet CARMEN:

Ich versuche es.

Diese Antwort des Mädchens macht ANTONIO noch wütender:

Ach so, du versuchst es? Aber du machst doch alles gleich! Die Schritte, die du machst, sind völlig farblos! Halte mir die einzelnen Takte auseinander!

Und während er dies sagt, zeigt er selbst mit unglaublicher Kraft und Energie CARMEN das, was er von ihr erwartet.

Eins, zwei, drei ... vier, fünf ...!

Voller Wut schreit er dies und kommt dabei bis an den Spiegel.
Er hält an, erschöpft von der Anstrengung holt er Luft und sieht zu CARMEN hin, die ihm unbeweglich zuschaut. Er macht eine Wendung und kommt wieder zu ihr:

Was ist nur los mit dir? Was ist los? Du bist unkonzentriert. Cristina verschlingt dich mit jeder einzelnen Übung, aber du solltest Cristina verschlingen. Hast du verstanden?

Er stellt sich vor CARMEN und beginnt rückwärtsgehend mit der Übung, dabei fordert er sie laut schreiend auf, ihm zu folgen:

Los jetzt! Komm, komm!

Er klatscht den Rhythmus mit den Händen:

Verschling mich! Ja, so! Verlier nicht den Kontakt mit meinen Augen! So!...

Sie halten an, um Kraft zu schöpfen.

So ist es besser! Merkst du das nicht selbst?

CARMENS Augen blitzen vor Erregung.

Natürlich merke ich es!

Ja, und? Warum machst du es dann nicht immer so?

Sie antwortet nicht. ANTONIO fährt fort mit seiner Schelte:

Erst muß ich mich hier zerreißen... und dann du! Oder? Du bist die Carmen!! Du, du bist die Carmen!! Glaub es! Wenn du es nicht glaubst, wer soll es dann glauben?

Unverfroren erwidert CARMEN:

Reg dich nicht auf!

Diese unverschämte Bemerkung macht ANTONIO völlig perplex.

Ich soll mich nicht aufregen?

CARMEN senkt den Ton ihrer Stimme ein wenig und sagt etwas zurückhaltender:

Ich mach das schon.

Du machst das schon? Natürlich machst du es! Und zwar jetzt! Du ganz allein!

Er wendet sich an den Gitarristen:

Los, mein Freund!

TONIN beugt sich über die Gitarre, und es erklingen die Takte der vorangegangenen Übung.
Diesmal gleitet CARMEN allein über die Bühne, wütend und mit jugendlicher Kraft, aber nicht ohne Eleganz; gleichzeitig hebt und bewegt sie mit beiden Händen ihren Rock. Die langen Fransen ihres roten Schultertuchs flattern wie im Wind. ANTONIO ist zufrieden.

Jetzt ist es richtig! Gut, sehr gut!!

Als CARMEN aufhört, nimmt er sie glücklich in den Arm: er hat *seine* Carmen gefunden.

Antonios Studio, bei Tag

Vor dem Spiegel des Studios steht eine Gruppe Zigeuner; sie beobachten, wie ein schon älterer, sehr schlanker Mann, der untadelig bekleidet ist mit schwarzem Anzug und weißem Hemd, JUAN ANTONIO zeigt, wie man nach Zigeunerbrauch den Rohrstock handhabt.
Das Licht flutet durch die großen Fenster, die auf den Park «Casa de Campo» hinausgehen, ins Studio. Heute ist es mit einer bunten Menschenmenge gefüllt. Die einen studieren einen Rhythmus ein, wobei sie das Parkett wie mit Hammerschlägen bearbeiten; andere üben mit einem prachtvollen Stierkämpferumhang einige Figuren des Stierkampfs. Die Mädchen, meist sehr jung und stark geschminkt, proben verschiedene Tanzschritte. Einige von ihnen machen sich im Studio zurecht; sie bedienen sich dazu des Spiegels oder der Hilfe einer Kollegin – wie zum Beispiel das bildhübsche schwarzhaarige Mädchen, das sich von einer Freundin das Haar aufstecken läßt. Eine Gruppe von Zigeunerinnen in den Vierzigern schwatzt und lacht. Kaum zu glauben, daß ihre Ohren derart riesige Ohrringe tragen können!
Der für die Ausstattung zuständige Mann näht mitten in diesem Trubel seelenruhig an ein paar Vorhängen.
ANTONIO, der einen roten Pullover mit Rollkragen trägt, klatscht ein paarmal in die Hände, um die Aufmerksamkeit auf sich zu lenken. Die Pause ist vorbei, jetzt geht es wieder an die Arbeit... Er wendet sich zur Bühnenmitte und steigt auf einen der Tische, die auf beiden Seiten längs aufgestellt sind.

Kollegen! Kommt einen Augenblick her! Kommt her für einen Augenblick!

Nach und nach kommen die Leute herbei und umringen ANTONIO. Respektvolles Schweigen breitet sich aus, und ANTONIO erklärt:

Wir studieren jetzt die «Tabacalera» ein. Nach Mérimée befinden wir uns in Sevilla in der Zigarrenfabrik – im Jahr 1830. Es ist sehr heiß, und da hier nur Frauen arbeiten, sind sie bequem oder besser leicht gekleidet...

ANTONIOS Bemerkung erzeugt Heiterkeit bei den Tänzern, die belustigt lächeln.

Also, ich bitte euch um einen Gefallen: Ihr sollt selber diese Hitze spüren! Und vor allem sollt ihr mich dazu bringen, daß ich sie spüre, weil es euch nämlich sonst niemand glauben würde.

Eine der Zigeunerinnen erhebt die Stimme und schreit:

Ich brenne schon!

TABACALERA

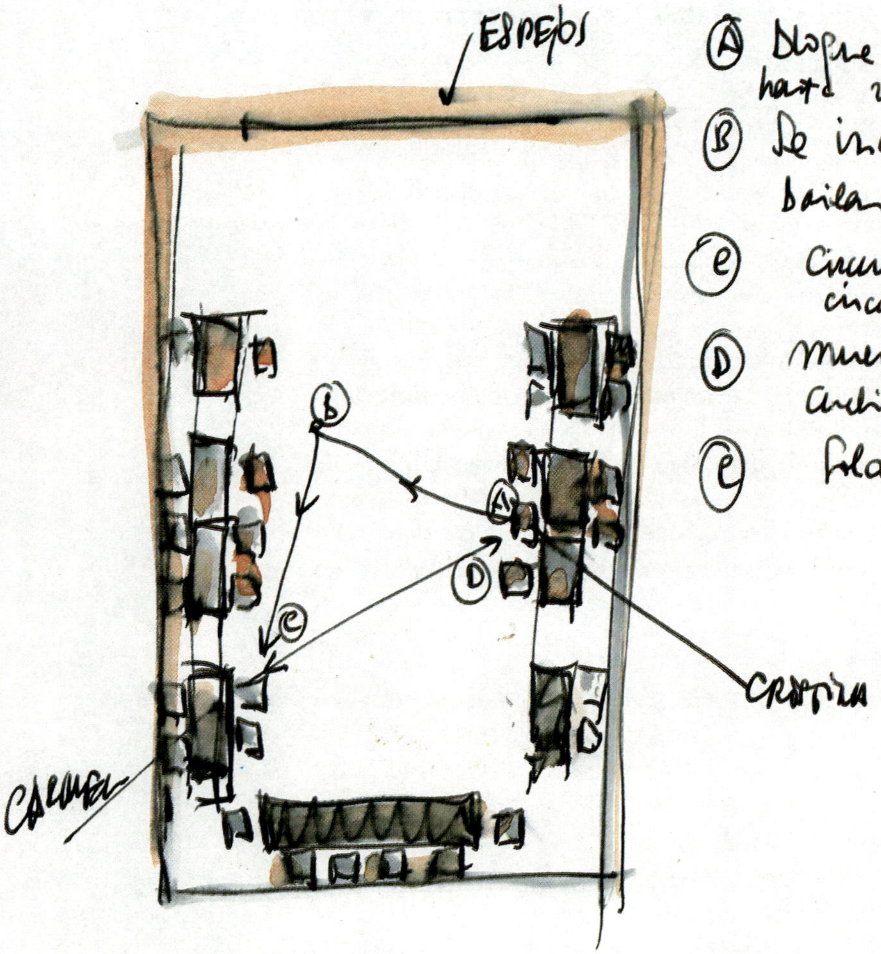

(A) Duelo CRISTINA - CARMEN hasta se separan 2 grupos

(B) Se incorporan todas bailan entre sí.

(C) Círculo | resolución círculo

(D) Muerte de CRISTINA acuchillada.

(E) Soldados | Final

Alle lachen über diesen Einwurf. Alle außer ANTONIO, der nicht zuläßt, daß bei der Arbeit gewisse Grenzen überschritten werden.

Also, einen Augenblick: Alle, die bei der «Tabacalera» nicht mitmachen, verschwinden. Die Sängerinnen setzen sich drüben hin…

Dabei zeigt er mit dem Arm nach links.

Und ihr anderen setzt euch hin, wo ihr Platz findet; Cristina wird euch dann richtig anordnen.

Alle Männer – Bauern und Zigeuner – ziehen sich zurück, während ANTONIO sich an CRISTINA wendet, um ihr die letzten Anweisungen zu geben.

Cristina, du setzt dich da drüben hin, und Carmen setzt du hierher. Die anderen kannst du plazieren, wie du es für richtig hältst.

So geschieht es dann auch: jede setzt sich an den ihr zugewiesenen Platz, und nach und nach wird alles ruhig und still. Nach einer Weile herrscht eindrucksvolles Schweigen und absolute Reglosigkeit. Von oben beleuchten starke Scheinwerfer die Mitte des Schauplatzes, der von den Tischen und Stühlen, auf denen die Frauen sitzen, umgeben ist. Wie zum Zeichen für den Beginn des Schauspiels hört man jetzt dumpfe Schläge in einem primitiven, afrikanischen Rhythmus. Die Frauen schlagen ihre Handflächen kräftig auf die Tische und geben so den Rhythmus an. Eine Gruppe alter Zigeunerinnen, die so angeordnet ist, als posiere sie für «Das letzte Abendmahl», und die so aussieht, als sei sie Teil eines dieser einschlägigen Ölgemälde, hält sich ernst und feierlich. Verlorenen Blickes beginnen sie zu singen:

**«Komm den Rosen nicht zu nah.
Komm den Rosen nicht zu nah;
denn die Rosen haben Dornen
und zerreißen deine Schürze.»**

Es gibt keine andere Musik – nur den Rhythmus, den die Frauen mit ihren Handflächen auf den Platten der Holztische schlagen. Eine Gruppe von Tänzerinnen, die mit gespreizten Beinen und hochgerafften Röcken auf Stühlen sitzen, singt zurück:

**«Und zerreißen deine Schürze.
Denn die Rosen haben Dornen
und zerreißen deine Schürze.»**

Da alle es erwarten, besonders aber die Tischgenossinnen von CRISTINA, die sie lautstark anfeuern, erhebt diese sich und wendet sich der Raummitte zwischen den beiden Tischreihen zu. Sie beginnt zu singen:

**«In dieser Tabacalera,
in dieser Tabacalera
gibt es Schlechte, gibt es Gute…»**

Sich in den Hüften wiegend, ein wenig tanzend, aber ohne besondere Anstrengung, gelangt sie zu dem Tisch, an dem CARMEN sich befindet.
CRISTINA fährt fort mit ihrem Gesang:

«Und in dieser Tabacalera
und in dieser Tabacalera
gibt es Dirnen mehr als Gute.
Und in dieser Tabacalera...»

Als sie das von den «Dirnen» singt, wendet sie sich direkt an CARMEN, kommt ganz nahe an sie heran und schreit es ihr fast ins Gesicht. Sie macht eine Gebärde der Verachtung, dann dreht sie sich um und zeigt CARMEN die Schulter, während sie aufhört zu singen. Die Frauen bei CARMEN feuern diese an, sich zur Wehr zu setzen. Und jetzt singt CARMEN, die Stimme schriller und aggressiver:

«Leg dich nicht mit Carmen an
Mit der Carmen lege dich nicht an;
denn die Carmen hat ein Messer
für jeden, der sie angreift.»

CARMEN steht auf; sich in den Hüften wiegend, bewegt sie sich herausfordernd und aggressiv auf CRISTINAS Platz zu, während sie wiederholt:

«Denn die Carmen hat ein Messer
für jeden, der sie angreift.»

Sie hebt die rechte Hand und macht eine Gebärde, als zücke sie ein nicht vorhandenes Messer. CARMEN und CRISTINA stehen sich nun gegenüber. Sie schauen sich in die Augen und tanzend fordern sie einander heraus. Ohne sich je aus dem Blick zu verlieren, umkreisen sich die beiden Frauen wie zwei Kampfhähne – immer im Rhythmus des ohrenbetäubenden «tam-tam».
Die übrigen Frauen feuern ihre jeweilige Favoritin an: die einen CRISTINA, die anderen CARMEN. Niemand singt mehr, und der monotone Rhythmus der auf die Tische schlagenden Hände wird ein wenig schneller. Einige der jungen Mädchen erheben sich. Bald bilden sich zwei unterschiedliche Gruppen, die sich hinter den Gegnerinnen formieren. Das Stampfen der Absätze auf dem Parkettboden ist laut angeschwollen; alle Mädchen haben sich jetzt um CARMEN oder CRISTINA gruppiert. Die Auseinandersetzung wird zunehmend intensiver. Die Gruppen bewegen sich zeitweise schwindelerregend schnell, sie laufen so vehement ineinander, daß man glaubt, sie müßten zusammenstoßen, aber im letzten Moment findet wie durch ein Wunder jede eine passende Lücke, eine Öffnung, den nötigen Raum.
Die Gruppen, dirigiert von ihren Anführerinnen, treffen abwechselnd aufeinander und ziehen sich dann wieder zurück. Jetzt hört man die Schreie der alten Zigeunerinnen, die mit anfeuernden Zurufen den monotonen Rhythmus durchdringen. Dieser Rhythmus wird ausgeprägter. Die Heftigkeit der Bewegungen verstärkt sich, obwohl dies kaum noch möglich ist, und ebenso das wie besessene Trommeln der Handflächen. Wie gut geölte Maschinen, gewaltige Maschinen, nähern und entfernen sich die kompakten Gruppen. Kurz vor dem Zusammenprall öffnen sie sich fächerförmig, um sich dann wieder zu schließen.
Jetzt entfernen sich CARMEN und CRISTINA von ihren Gruppen. CARMEN, von CRISTINA verfolgt und in die Enge getrieben, ist kurz davor, über einen

der Tische zu fallen. Ihre Hand trifft auf eines der Messer, die zum Tabakschneiden benutzt werden. Mit der Sicherheit, die der Besitz der Waffe ihr verleiht, kommt sie mit neuer Energie hoch und verfolgt nun CRISTINA. Sie dringt auf diese ein, hebt zu dem jetzt rasenden Rhythmus den Arm und versetzt CRISTINA mit einer schnellen, kraftvollen Bewegung einen Messerschnitt in den Hals.
Schwer verletzt führt CRISTINA ihre Hand zum Hals.
Schweigen.
Gestützt von ihren Gefährtinnen, läßt CRISTINA sich bis zum äußersten rechten Winkel der Bühne führen. Dort legen sie sie mit größter Sorgfalt auf den Boden. Einige kauern sich hin, die anderen bleiben stehen: alle zusammen bilden eine eindrucksvolle Schar um die Verletzte. Hochmütig und stolz, das Messer noch in der Hand, blickt CARMEN, nicht ohne leise Genugtuung, auf ihre schwer verletzte Gegnerin.
Von weitem hört man einen militärischen Rhythmus: es sind die Soldaten, die jemand gerufen hat und die jetzt kommen, um die Ordnung in der Zigarrenfabrik wiederherzustellen. Die Soldaten nähern sich; sie werden angeführt von einem Korporal, den ANTONIO darstellt. Kampflustig und dennoch diszipliniert gelangen sie zum Ort der Auseinandersetzung.
ANTONIO stampft mit dem Absatz auf, und die Truppe hält an. Mit einem Blick seiner Augen fragt er die Frauen, die die Verletzte umringen, wer die Schuldige für diese Tat ist. Köpfe und Arme weisen anklagend auf CARMEN.
ANTONIO betrachtet die Frau. Ein Blick wie Feuer geht zwischen dem Mann und der Frau hin und her.
Mit herausforderndem Blick schleudert CARMEN das Messer zu Boden.
Auf ein Befehlswort ANTONIOS ergreifen die Soldaten sie und führen sie zu

ANTONIO. Unter Drehen und Wenden versucht sie, sich aus den Händen der Soldaten zu befreien, die sie gepackt halten. Man hört nun wieder den militärischen Rhythmus, und ANTONIO führt CARMEN auf den Weg zum Gefängnis. Sie wenden sich in Richtung der Spiegel im Studio: CARMEN versucht, unter Aufbietung ihrer weiblichen Verführungskünste den Korporal zu erobern und auf ihre Seite zu bringen. Schamlos versucht sie, ihn zu umgarnen. Sie nimmt ihr Schultertuch ab, damit ihr junger, üppiger Körper besser zur Geltung kommt. ANTONIO kann dem Spiel der Frau nicht widerstehen, und Stück für Stück geht er in ihre Falle. CARMEN streichelt ihn, und ANTONIO vergißt seine Soldatenpflicht und läßt sie gehen. CARMEN, nun wieder frei, entfernt sich – man sieht es im Spiegel – mit einem Lächeln auf den Lippen, während ANTONIO versucht, sich von den Empfindungen zu erholen, die die junge Frau bei ihm hervorgerufen hat.
Die Fiktion verschwindet. ANTONIO klatscht ein paarmal schallend in die Hände und bricht damit den Bann; die Probe ist beendet.
Wahrheit oder Fiktion – das einzige, was klar zu sein scheint, ist, daß zwischen CARMEN und ANTONIO «etwas» entstanden ist.

Sehr gut. Sehr gut... Wir hören auf!

Die Tänzerinnen hatten auf diese Worte gewartet, um sich auszuruhen. Sie sind ausgepumpt von der furchtbaren Anstrengung, die sie ihren Körpern zugemutet haben. Eines der Mädchen kann nicht mehr; sie wirft sich auf den Boden und streckt sich dort aus. Andere ziehen sich die Schuhe aus, strecken sich, versuchen normal zu atmen. Verschwitzt, aber voller Befriedigung über die gute Leistung, erholen sie sich langsam von ihrem keuchenden Atmen.

Antonios Studio, ein anderer Tag

Im Studio von ANTONIO geht alles seinen gewohnten Gang; das Ensemble probt verschiedene Übungen, jeder auf seine Weise. Jemand ist auf eine Leiter gestiegen, um eine Industrieleuchte zu befestigen. ANTONIO sitzt an einem Tisch, mit dem Rücken zu den großen Fenstern, durch die man die Bäume des Parkes sieht; er ist in ein paar Papiere vertieft. Ganz in seiner Nähe spielen die Gitarristen eine Melodie, zu der TAURO, einer der Tänzer des Ensembles, ein stattlicher, kahlköpfiger Mann, mit ernstem Gesicht tanzt. Einer der Sänger, GOMEZ, nähert sich ihnen und versucht, auf witzige Weise mit TAURO zu wetteifern. Dann hört er auf zu tanzen, setzt sich zu den Gitarristen und sagt:

Wollen wir jeder hundert Duros spendieren?

Wozu?

Um Wein zu kaufen; heute ist der Geburtstag von Toñín.

Er zeigt auf den Gitarristen, den wir schon von anderer Gelegenheit kennen; es ist der Jüngste und der, der am meisten wie ein Zigeuner aussieht.

Danke, Kollege, Junge...

Alle fahren mit der Hand in die Hosentasche, um Geld zu suchen.
PACO bemerkt ironisch:

Damit du klar siehst, du bist ein Dieb, Gomez.

GOMEZ bittet auch TONIN um Geld; das ist aber genau der, der Geburtstag hat und sich jetzt empört:

Einen Dreck werde ich dir geben. Ich habe Geburtstag und soll dir hundert Duros geben! Einen Dreck gebe ich!

In diesem Augenblick erscheint CARMEN. Sie kommt von der Straße in kurzen Pelzstiefeln, mit dünnen, fuchsienfarbenen Strümpfen und dazu passendem Rock mit Volants, Jeansjacke und über der Schulter eine große Lederumhängetasche. Schnell eilt sie die Stufen hinauf zu dem Bühnenteil, in dem sich die Männergruppe aufhält. Sie entschuldigt sich für die Verspätung.

Entschuldigung. Entschuldigt bitte alle.

ANTONIO ist schlechter Laune und tadelt sie:

Das reicht jetzt aber, nicht wahr?

CARMEN rechtfertigt sich, indem sie antwortet:

Ich konnte nicht früher kommen.

Worauf PACO ironisch entgegnet:

War wohl viel Verkehr, was?

CARMEN wirft ihm einen mörderischen Blick zu. Sie wendet sich an ANTONIO und fragt:

Soll ich mich umziehen?

Nein, setz dich hin,

antwortet ANTONIO knapp. CARMEN gehorcht und setzt sich ihm gegenüber. ANTONIO wendet sich an die anderen:

Hört zu! Hört mir alle einen Augenblick zu!

Die Mitglieder des Ensembles nähern sich dem Platz, wo ANTONIO sitzt. Die einen setzen sich, die anderen bleiben stehen.
ANTONIO, die Brille in der Hand, ein paar Aufzeichnungen vor sich, die er ab und zu durchsieht, beginnt ihnen die Idee zu erklären, die ihm für den nächsten Tanz vorschwebt:

Ihr erinnert euch, daß José am Ende des Kampfes in der «Tabacalera» Carmen gefangen nimmt und sie dann laufen läßt. Darauf bestraft man ihn und steckt ihn ins Gefängnis... Und dann sagt er:

Er setzt sich die Brille auf – eine dieser Brillen, mit denen man nur nah lesen kann –, geht seine Notizen durch und liest:

«Durch das Gitter meiner Arrestzelle konnte ich auf die Straße sehen; aber unter allen weiblichen Wesen, die vorbeikamen, war kein einziges, das es mit diesem Teufelsmädchen auch nur annähernd hätte aufnehmen können...»

Über die Brillengläser hinweg schaut er auf CARMEN. Kaum wahrnehmbar lächelt CARMEN ihm zu und nimmt die Anspielung aus dem Text von Mérimée auf.
Er fährt fort:

In der Novelle gibt es einen Satz, der mir sehr wichtig zu sein scheint, weil er Klarheit schafft über die Beziehung, die zwischen Carmen und José besteht, und zwar, wenn er sagt: «Carmen log, Señor; sie hat immer gelogen...»

Dabei blickt er CARMEN fest an, so als wäre der Vorwurf der Novelle sein eigener Vorwurf.

«...Vielleicht hat sie in ihrem ganzen Leben kein einziges wahres Wort gesprochen...»

CARMEN scheint diese Anspielung nichts auszumachen. Aufreizend blickt sie zu ANTONIO, der fortfährt:

«...Wenn sie aber redete, so glaubte ich ihr – dagegen war kein Kraut gewachsen!»

Er nimmt die Brille ab, erhebt sich und geht zur Bühne, ohne dem Text von Mérimée noch etwas hinzuzufügen. Er ändert die Gangart und erklärt:

Wir wollen jetzt die folgende Szene vorbereiten: Carmen führt José zum Haus einer alten Kupplerin.

In der Mitte der Bühne stehen verschiedene Stühle und Tische. ANTONIO beginnt, den Bühnenaufbau der Szene zu beschreiben; eine Gruppe von Stühlen ist in merkwürdiger Form zusammengestellt, die an ein Bett denken läßt. Er blickt zur Decke:

Hier ist eine Lampe...

Espejo
HABANERA
La cama
CAMA
SILLA
A
B
C
D

Dann befiehlt er jemand:

Laß sie weiter runter!

Die schwarze Industrielampe senkt sich herab und hält auf halber Höhe an, genau über dem vorgetäuschten Bett.

Dort steht ein Stuhl!

Dann zeigt er auf einen der beweglichen Spiegel.

Wir werden dort noch einen Tisch hinstellen, der dann zusammen mit dem Spiegel eine Kommode darstellt...

Jemand stellt einen der Tische vor den Spiegel. ANTONIO wendet sich an JUAN ANTONIO und CARMEN.

Und... Einen Moment! Du, Juan, und du, Carmen! Mach du den José... Wir wollen den Schritt versuchen! La, la, la...

ANTONIO beginnt, die «Habanera» aus der Oper *Carmen* zu trällern.

Und jetzt los! Eins und zwei!...

ANTONIO schaut zu, wie JUAN und CARMEN einen Paartanz aufführen. Aber ihm gefällt nicht, wie CARMEN es macht. Er unterbricht den Tanz und erklärt, wie er es gerne haben möchte.

Du mußt weiblicher sein!

Und er interpretiert nun selbst die Rolle der CARMEN. Er beginnt zu tanzen und spielt die Frau, die er im Kopf hat. Seine Bewegungen sind harmonisch und perfekt aufeinander abgestimmt. Seine Darstellung einer Frau ist ungeheuer überzeugend. Als er aufhört, wendet er sich an CARMEN und fragt sie:

Hast du verstanden?

CARMEN bejaht. Sie hat die Vorführung von ANTONIO aufmerksam verfolgt und versucht ihn nachzuahmen, als sie jetzt mit JUAN ANTONIO tanzt. ANTONIO verfolgt die Darbietung des Paares.

Streichle ihn! Streichle du ihn! Besser! Gut so!

Jetzt befiehlt er:

Nun machen wir folgendes: Wir nehmen die Leiter weg, dann stellen wir die Spiegel an ihren Platz zurück und ziehen ganz langsam die Vorhänge zu. Laßt mir den ganzen Raum frei, ja?

Die Aufträge werden ausgeführt, sobald er sie angeordnet hat.
Die Gitarristen nehmen ihre Gitarren und schicken sich an, den Schauplatz zu verlassen. Alle Mitglieder des Ensembles, außer CARMEN, verlassen die Szene. CARMEN setzt sich auf einen Stuhl, zieht die Stiefel aus und dann ihre Tanzschuhe an. Nach und nach werden die zuvor gerafften schwarzen Vorhänge unter leisem Summen des Motors vorgezogen; sie bedecken den Hauptspiegel und tauchen das Studio in ein magisches Halbdunkel.
CARMEN sitzt auf dem Stuhl mit Rohrgeflecht, zieht die Strümpfe glatt und läßt dabei ihre langen, wohlgeformten Beine sehen. Sie zieht den Pullover aus und bedeckt ihre Schultern mit einem großen schwarzen Tuch mit Fransen, das sie vor dem Busen zusammensteckt.
Es erklingen die ersten Takte der «Habanera».
Im Spiegel kann CARMEN ANTONIO sehen, der auf einem Stuhl sitzt und sie beobachtet.
Sie ist nun fertig mit ihrer Garderobe, lächelt ihm zu und wendet sich, um ihn anzuschauen. Die Hände in den Hüften, beginnt sie, langsam auf ihn zuzugehen. ANTONIO reicht ihr die Hand, er sucht ihre Nähe. CARMEN setzt sich auf sein Knie. Sie umarmen sich zärtlich. Jetzt leidenschaftlich! ... Sie steht auf, wendet ANTONIO den Rücken zu und geht ein paar Schritte weg. Sofort kommt sie wieder zu dem Mann zurück. Doch jetzt, jetzt beginnt sie zu tanzen, und ihre Bewegungen folgen dem rhythmischen Klang der «Habanera», der nun die nötige Lautstärke hat.
CARMEN tanzt für ihn. Sie bietet ihm ihre Liebe, ihren Körper.
ANTONIO, der noch immer auf dem Stuhl sitzt, betrachtet die Frau. Nicht eine Geste macht er, nicht die leiseste Bewegung – er scheint völlig erstarrt. CARMEN beendet diesen ersten Teil des Tanzes. Sie dreht sich um und schickt sich an, zum Spiegel zu gehen. Als sie dort ankommt, setzt sie sich auf den Tisch und dreht dem Spiegel den Rücken zu; sie sitzt dem Mann gegenüber und zeigt herausfordernd ihre Beine.
ANTONIO erhebt sich und beginnt mit großer Kraft zu tanzen, wobei er durch Stampfen mit den Absätzen die ausdrucksstärksten Stellen der «Habanera» noch hervorhebt. Sein Blick ist fest auf die Frau fixiert. Das ist seine Antwort auf CARMENS Werbung; diese schaut ihm zu, an den Tisch gelehnt.
Jetzt erhebt CARMEN sich und nähert sich ANTONIO. Ihre Bewegungen passen sich denen des Mannes an. Sie tanzen exakt im Rhythmus, nähern sich einander und trennen sich wieder. Ihre Körper berühren sich. Man spürt einen Ansatz zu Zärtlichkeit, zu Körperkontakt, doch CARMEN löst sich wieder. Nun beginnt CARMEN, das durch die Rohrgeflechtstühle simulierte Bett zu umkreisen. Die genau darüberhängende Lampe beleuchtet das «Bett» und betont so seinen symbolischen Charakter. Sie tanzen nun und umkreisen dabei das «Bett», als handele es sich um einen Hochzeitstanz.
Schließlich schneidet ANTONIO CARMEN den Weg ab und vereint sich mit ihr. Er umarmt sie fest, leidenschaftlich. Seine Arme streifen ihre Brüste, pressen ihren Körper ... Ihre Gesichter vereinen sich. Nie waren die beiden sich so nahe. Es ist klar erkennbar, daß die zum Ausdruck kommende Leidenschaft den Rahmen der Einstudierung und Interpretation völlig sprengt. Die Musik wird leiser und erlischt genau in dem Augenblick, als ANTONIO CARMEN zum Ruhebett führt und sie, auf seinen Knien sitzend, den Mann umarmt. Diese Umarmung ist das Zeichen zum Auslöschen des Lichtes, und für einige Augenblicke verhüllt die Nacht das Ganze.

Umgebung von Antonios Studio, abends

Ein kleineres Auto hält mit aufgeblendeten Scheinwerfern in der Straße, genau dem Studio gegenüber. Da es dunkel ist, sind die Lichter im Studio an, und hinter den großen Fenstern, die jetzt mit Vorhängen bedeckt sind, sieht man den Schatten eines tanzenden Mannes. Zweifellos ist es ANTONIO, der für sich alleine probt. Aus dem Wagen steigt CARMEN; sie bleibt stehen und betrachtet ANTONIO, das heißt den Schatten von ANTONIO, der jetzt zu tanzen aufhört und am Fenster vorübergeht.
Ohne das Auto mit dem Schlüssel abzuschließen, begibt CARMEN sich in Richtung des Studios. Sie überquert die dunkle, einsame Straße. Sie ist in für sie ungewöhnlicher Weise gekleidet: Wildlederkostüm, Schuhe mit sehr dünnen Absätzen, beigefarben wie die Tasche und Bluse, die sie trägt. Sie steigt die Treppen hinauf, die zur Eingangstür des Studios führen, und klingelt.

SECUENCIA 13

Carmen dentro del coche

Nos acercamos a ella. mira al estudio. alguien vive. Una

El estudio de Antonio. Antonio enciende en el interior

hay... (tiene miedo es perseguida por alguien?)

.. vuelve .. el interior

21

Antonios Studio, abends

Antonio durchquert das Studio in Richtung der Eingangstür. Unterwegs zündet er die Lichter an. Man hört die Musik der Oper *Carmen.* Als er die Tür öffnet, sieht er sich CARMEN gegenüber. Er hatte sie nicht erwartet, und daher ist es eine freudige Überraschung.
Da er einen Moment lang nicht weiß, wie er sich verhalten soll, lächelt CARMEN ihm zu und gibt ihm einen leichten Schubs, damit er ihr den Weg ins Studio freigibt. Sie lächelt ihn an und fragt:

Darf ich eintreten?

ANTONIO hat sich noch nicht von seiner Verblüffung erholt.

Natürlich!

In seinem Gesicht erkennt man die Freude, die ihm dieser unerwartete Besuch bereitet. Er schließt die Tür und folgt der Frau über den Flur. Er kann sich nicht beherrschen und faßt sie fest am Arm, um sie mit einem Ruck zu sich hinzudrehen. Leidenschaftlich umarmt und küßt er sie. CARMEN drängt ihn liebenswürdig zurück. Lächelnd und völlig Herrin der Situation, sagt sie schalkhaft:

Ruhig, mein Lieber, ruhig... Wir haben doch Zeit, oder? Komm, gib mir etwas zu trinken.

ANTONIO legt den Arm um ihre Schultern und geht auf ihren Vorschlag ein. Sie treten ins Innere des Raumes.
Jetzt sitzt einer dem anderen gegenüber. ANTONIO öffnet eine Flasche Sherry und gießt diesen in die zwei Gläser, die auf dem Tisch stehen. CARMEN ist sehr schön an diesem Abend. Entspannt und sinnlich trinkt sie genießerisch ihren Wein. Sie blickt zu ANTONIO und sagt:

Als ich aus dem Auto stieg, warst du am Tanzen. Na, du hast dir wohl einen Schritt ausgedacht, mit dem du uns morgen maltraitieren willst, nicht?

ANTONIO lächelt. Er blickt die Frau an. Sehr ernst, so als beichte er, antwortet er ihr:

Nein, ich habe die «Farruca» geprobt. Schau, Carmen, seit ich fünfzehn bin, habe ich alles oder doch fast alles getanzt, aber nur die «Farruca» hat mich das alles verstehen lassen, und dafür bin ich ihr dankbar. Es gibt Augenblicke, da muß ich sie tanzen. Warum, weiß ich nicht; ich brauche es einfach.

Schweigend hört CARMEN ihm zu; sie freut sich, daß ANTONIO ihr sein Inneres offenbart. Kokett fragt sie ihn:

Hast du sie niemals aus Liebe getanzt?

Es ist klar, daß CARMEN ihn bitten will, für sie zu tanzen. ANTONIO schaut die Frau an. Er wäre imstande, alles für sie zu tun. Aber er entschließt sich, die Sache etwas hinauszuziehen.

Nein...

CARMEN entscheidet sich und sagt mit aufreizendem Lächeln:

Nun, eine bessere Gelegenheit als diese wirst du nicht finden. Tanze für mich, Antonio!...

ANTONIO lächelt. Er weiß, daß dies viel mehr als eine Anregung ist. Er erhebt sich und küßt sie sanft auf die Lippen. Er steigt auf das Podium. Stille erfaßt den Raum. Kurze Zeit steht er unbeweglich auf der Bühne. Und dann, als handele es sich um ein heidnisches Ritual, beginnt er zu tanzen – nur begleitet vom Klacken seiner Absätze. Er tanzt «La Farruca», einen Tanz, der Erinnerungen an Naturvölker wachruft. Es ist ein strenger, harter Tanz mit brüsken Bewegungen, die dennoch der Schönheit nicht entbehren, ein ausgesprochen männlicher Tanz.
CARMEN folgt seiner Vorführung mit Faszination; ihre schwarzen Augen tanzen mit.
ANTONIO komponiert seine Tanzfiguren, er ist konzentriert, seine Absätze knallen kraftvoll und präzise auf das Parkett.
CARMEN ist erregt; sie kann sich nicht mehr beherrschen und, mit ihren Händen den Rhythmus klatschend, steigt sie auf die Bühne. Aufreizend nähert sie sich ANTONIO und sagt, ihn parodierend:

Eins, zwei, drei... vier, fünf, sechs... sieben, acht, neun und zehn... Eins, zwei...

Jetzt ist sie bei dem Mann angelangt. Aggressiv feuert sie ihn an und schreit ihm dabei die gleichen Worte zu, die wir in den ersten Proben mit CARMEN und ANTONIO hörten:

Komm! Verschling mich! Komm! Oder markierst du auch nur?

ANTONIO kann sich nicht mehr beherrschen; er umarmt sie, küßt sie voll Verzweiflung. Frohlockend erwidert CARMEN seine Küsse.

Antonios Schlafzimmer, nachts

Im Halbdunkel des Schlafzimmers, in das kaum Licht durchs Fenster fällt, kleidet CARMEN sich an. Ihr Haar ist aufgelöst, und die Bluse steckt halb im Rock. Sie nimmt ihre Schuhe und achtet darauf, keinen Lärm zu machen. Sie will gehen. Sie macht ein paar Schritte und stolpert unglücklicherweise über einen Sessel. Polternd fallen ihre Schuhe zu Boden. Ärgerlich murmelt sie:

Verdammt!

Aber es ist schon geschehen. ANTONIO wacht auf und zündet das Licht am Kopfende des Bettes an.

Aber, was machst du denn?

Ich gehe.

CARMEN hat ihre Bluse nun richtig eingesteckt.
Sie setzt sich auf den Bettrand, um die Schuhe anzuziehen.
ANTONIO, noch immer überrascht, jedoch ein wenig wacher, fragt sie:

Du gehst?

Ich muß gehen, Antonio.

Ja, aber wohin?

Er setzt sich im Bett auf und bedeckt seinen sehnigen, muskulösen Körper knapp mit dem Bettuch. Er schaut auf die Uhr, die er vom Nachttisch nimmt.

Es ist erst zwei Uhr!

CARMEN antwortet ihm nicht; sie nimmt einfach ihre Sachen und geht.

Wiedersehen, Antonio,

sagt sie. ANTONIO weiß nicht, was er tun soll. Er antwortet nicht.
CARMEN macht noch einmal kehrt, zweifellos tut ihre Barschheit ihr leid; sie gibt ihm einen mütterlichen Kuß und geht nun endgültig.
ANTONIO, verärgert über die Abfuhr, die das Mädchen ihm erteilt hat, ist jetzt hellwach und sucht eine Zigarette in der Packung, die auf dem Nachttisch liegt; aber die ist leer. Er knüllt sie zusammen, durchsucht die Nachttischschublade und zieht aus einem Haufen Geldscheine eine Packung, in der noch ein paar Zigaretten stecken. Er zündet sich eine an und raucht genußvoll. Man hört, wie draußen ein Motor angelassen wird und CARMEN wegfährt.
Entschlossen verläßt ANTONIO sein Bett.

Antonios Studio, nachts

Im riesigen Raum des Studios ist er allein – vor dem Spiegel. Alles ist ruhig. ANTONIO, in Cordhose und kurzärmeligem Hemd, bewegt sich leicht vor dem Spiegel. Nachdenklich verharrt er. Sagt zu sich selbst:

Ich weiß nicht, wie ich es machen soll...

Er nähert sich dem Spiegel und bewegt die Arme, um die Muskeln zu erwärmen. Er schaut sich im Spiegel an, tritt sich selbst gegenüber. Man hört die Musik aus der Oper *Carmen.* Mit lauter Stimme sagt er zu seinem Spiegelbild:

Und jetzt sie. Mit dem Fächer, dem hohen Steckkamm, der Blume, der Mantilla... Mit allem, was dazugehört! Die typische Tracht. Was soll's?... Warum eigentlich nicht?

Als hätten seine Gedanken sich verwirklicht und Gestalt angenommen, erscheint CARMEN, wunderschön. Sie fächelt sich mit einem schwarzen Fächer zu. Eine große Mantilla aus schwarzer Spitze fällt von dem hohen Kamm herab, der ihren Kopf krönt, und bedeckt ihre Schultern.
Sie schreitet verhaltenen Schrittes, während der Mezzosopran singt: «Près des remparts de Séville, chez mon ami Lillas Pastia, j'irais danser la seguidilla et boire du Manzanilla...»
ANTONIO dreht sich um und entfernt sich, das Bild von CARMEN hinter sich lassend. Er geht bis zur Wand, dort drückt er einen Schalter, und die Vorhänge, die die riesigen Fenster bedecken, öffnen sich automatisch. Es beginnt zu dämmern. Beglückt betrachtet ANTONIO das Erwachen des neuen Tages.
Er sitzt auf dem Podium an dem gleichen Tisch, an dem CARMEN und er in dieser Nacht auf ihre Liebe getrunken haben. Die halbleeren Gläser stehen noch dort. Er betrachtet sie und fixiert das Glas, aus dem CARMEN getrunken hat. Er nimmt es so, als liebkose er es, sucht die Abdrücke ihrer Lippen und trinkt mit geschlossenen Augen daraus.

Gefängnis, bei Tag

Betätigt durch einen verborgenen Mechanismus, öffnet sich die vergitterte Eisentür langsam und mit ohrenbetäubendem Lärm. Hinter der sich öffnenden Tür wartet CARMEN. Als der Durchlaß groß genug ist, überschreitet sie die Schwelle und wendet sich zu der links liegenden Loge. Hinter ihr schließt sich die Tür mit dem gleichen ohrenbetäubenden, metallischen Geräusch. CARMEN wendet sich an den POLIZISTEN, der hinter der dicken Sicherheitsscheibe aus Glas sitzt, und zeigt ihm ihren Ausweis, den sie aus der Tasche genommen hat. Der POLIZIST schaut sie an und erteilt ihr dann Eintrittserlaubnis:

Ihr Mann ist da hinten.

Er zeigt auf den hinteren Teil des breiten Ganges auf der dem Eingang gegenüberliegenden Seite, wohin man durch eine der Eingangstür gleichenden Gittertür gelangt.
CARMEN wendet sich der rechten Wandseite zu, wo sich einige Schließfächer befinden. Dort läßt sie ihre Tasche. Dann geht sie durch eine Art Bogen, der ein Metalldetektor ist. Wie eine erfahrene und mit der Umgebung vertraute Person registriert sie alle Bewegungen.
Vor der vergitterten Metalltür, die ihr den Weg versperrt, hält sie an und wartet geduldig.
Durch die Gitter kann man den Gang sehen, einen breiten, langen Flur, kalt und bedrohlich, mit Türen zu beiden Seiten. Mit dem metallischen Geräusch von Schlössern und Schlüsseln öffnet sich die Tür am Ende des Flurs, und in den Gang tritt ein Mann, der ohne Eile näherkommt. Das Gitter öffnet sich sehr langsam, um CARMEN einzulassen, die auf den Mann zugeht.
Sie treffen sich in der Mitte des Ganges. Sie umarmen sich. Sie küssen sich. Eng umschlungen gehen sie auf eine der seitlichen Türen zu. Der Mann ist der EHEMANN von CARMEN.

Antonios Studio, bei Tag

Heute ist das Studio ein Festplatz. Es ist voller Menschen: Männer und Frauen jeden Alters und Kinder, die spielend umhertollen. Man feiert den Geburtstag von TONIN, dem Gitarristen des Ensembles. ANTONIO erhebt sich und ruft, die Arme hoch erhoben:

Herzlichen Glückwunsch, Kollege!

Alle stehen auf und applaudieren TONIN, der, ohne die Gitarre abzulegen, ANTONIO umarmt und die Gäste begrüßt. Und sofort setzt ein Trubel ein, an dem sich alle lärmend, händeklatschend oder Gitarre spielend beteiligen.
Eine der Zigeunerinnen in den Vierzigern, gut aussehend und attraktiv aufgemacht, die «La Bronce» genannt wird, steht auf und fängt an zu singen; sie hat eine schöne Stimme. Sie singt und tanzt dabei gekonnt und mit Anmut.
ANTONIO setzt sich an PACOS Seite, der so ernst ist wie immer.
CARMEN feuert die Zigeunerin, die sich jetzt beim Tanzen heftig in den Hüften wiegt, voller Begeisterung an.
ANTONIO beobachtet CARMEN, er läßt sie nicht aus den Augen. Er wendet sich an PACO, ohne aber CARMEN aus dem Blick zu verlieren, und fragt ihn:

Paco, was weißt du über Carmen?

PACO schaut seinen Freund an und antwortet ihm:

Das, was alle wissen, Antonio.

ANTONIO ist besorgt, irgend etwas quält ihn.

Du weißt mehr als ich, ich merke das an deinen Blicken, an den Anspielungen. Sag mir, was du weißt.

Man sieht, daß PACO nicht über dieses Thema sprechen will.

Ich weiß, daß sie mit einem Typ verheiratet ist, den sie mit Drogen erwischt haben und der im Gefängnis sitzt.

Das weiß ich auch,

antwortet ANTONIO.
Diese Antwort überrascht PACO, der vielleicht doch geglaubt hatte, ein bißchen mehr gesagt zu haben als gut wäre.

Wer hat es dir gesagt? Sie?

Das laute Vergnügen geht weiter, und jetzt beginnt ein alter, hagerer und sehr aufrecht gehender Zigeuner zu Ehren TONINS zu tanzen. Er tanzt nach Zigeunerart, geschmeidig und elegant, wie nur sie es können. ANTONIO bohrt weiter an dem Thema, das ihm am Herzen liegt:

Ehrlich, Paco, weißt du, ob sie mit jemand zusammenlebt?

PACO antwortet nicht, er schaut dem Tanz zu.
ANTONIO fragt ihn:

Soll ich der Letzte sein, der es erfährt? Also bitte, sag es mir.

PACO will nicht sagen, was er weiß, um seinen Freund nicht zu beunruhigen.

Ich weiß, daß sie Girón den Laufpaß gegeben hat... Aber ich weiß nicht, mit wem sie jetzt geht... Ich weiß gar nichts, Antonio.

Er blickt auf seinen Freund, der abgezehrt aussieht und Ringe um die Augen hat wie jemand, der leidet und nicht zur Ruhe kommt. Mit erhobener Stimme sagt PACO jetzt:

Verdammt nochmal, was findest du eigentlich an diesem Weibsbild? Du hast zwanzig Frauen gehabt, die besser waren als sie. Du bist ja völlig aus dem Lot!

Inzwischen singen und tanzen die übrigen im Wechsel. Jeder führt seine Nummer vor, sein «Ständchen», angefeuert vom Händeklatschen und Jubel der anderen.
Mit Tischen und Stühlen haben sie einen Kreis gebildet, in dem genügend Platz ist, so daß einer nach dem andern seinen Gesang und Tanz vorführen kann. Ganz plötzlich erklingt über dem Trubel die Musik aus der Oper *Carmen.* Anfangs vermischt sie sich mit den Flamenco-Rhythmen, aber bald übertönt sie diese und beherrscht völlig den Raum.
Aus einer der Garderoben tritt CARMEN, eine Parodie der Carmen aus der Oper. Sie ist übermäßig geschminkt: große schwarze Striche verschmieren ihre Augen, und den Mund hat sie sich grellrot gemalt. Ein großer Kamm, der mit Blumen besteckt ist, thront auf ihrem Kopf. An ihren Ohren baumeln ein Paar Riesenohrringe aus weißem Kunststoff. Ihren Oberkörper hat sie mit einem roten Tuch umhüllt, und ihre Beine bedeckt ein Rock mit kleinen Volants und schwarzen Tupfen auf weißem Grund. Als Fächer dient ihr ein mehrfach gefaltetes Stück Papier, auf das mit schwarzem Filzschreiber gemalt und geschrieben ist.
Alle drehen sich nach ihr um, als sie von der Garderobentür aus den «Einzug in die Arena» parodiert und dabei stark übertreibend den Fächer bewegt und die Hüften schwingt. Irgend jemand ruft nach Franzosenart:

Oh, Carmencitá! Oh, la la!

Sie betritt den Ring; mit sinnlichen und aufreizenden Bewegungen tanzt sie an den Männern vorüber. Die Männer, erregt, rufen ihr unentwegt Anzüglichkeiten zu:

Hoch lebe dieser Körper, diese Kurven! Hoch die Mutter, die dich geboren hat!

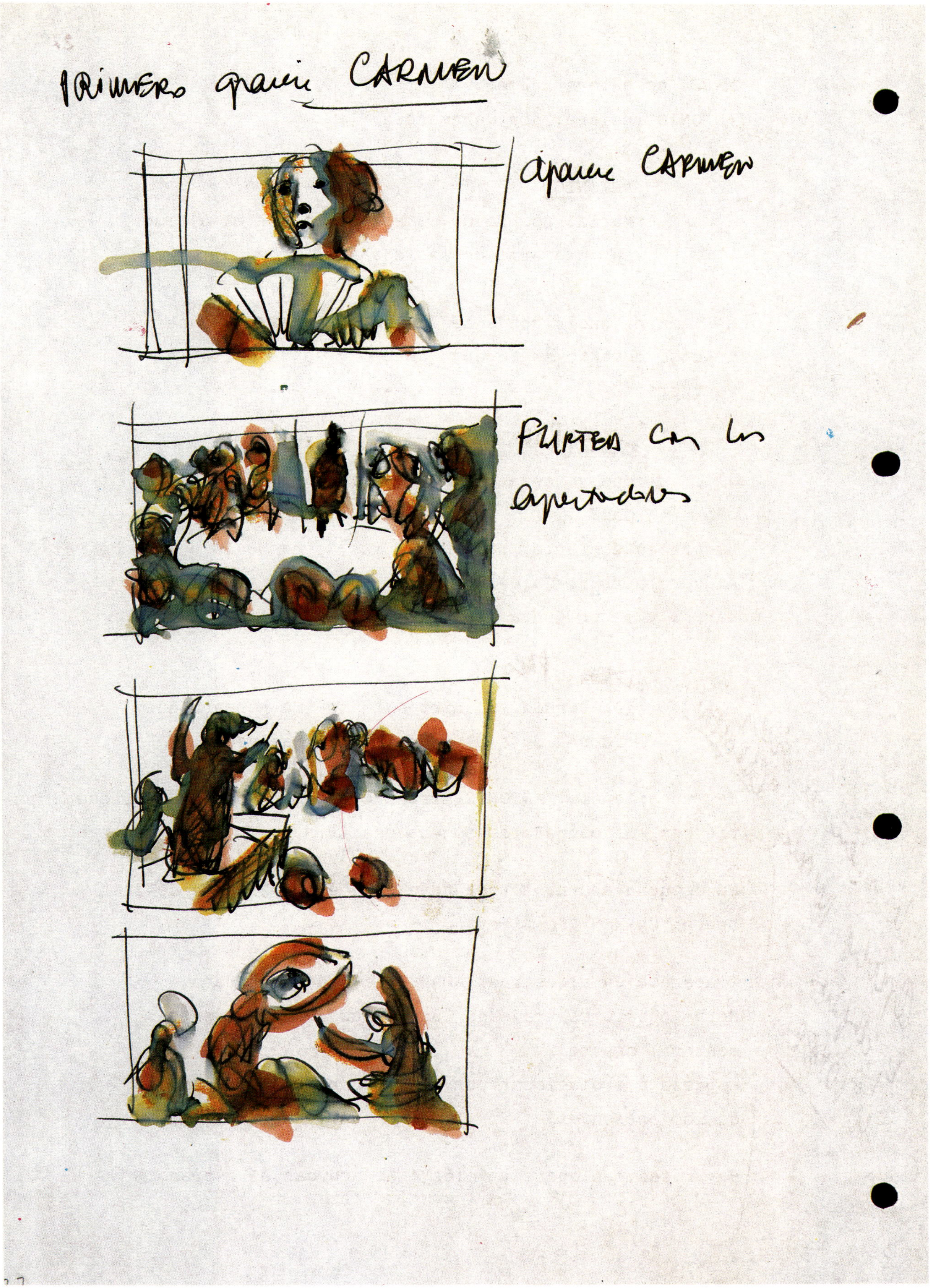
PRIMERO aparece CARMEN
aparece CARMEN
FLIRTEA con los espectadores

Sie setzt sich auf den Schoß eines rundlichen Zigeuners. Aber ehe der Mann sie festhalten kann, erhebt sie sich wieder. Sie küßt einen jungen Burschen mit schön frisiertem, welligem Haar.
Jetzt steigt CRISTINA auf einen der Tische; sie rafft ihren Rock und hebt ihn sich über den Kopf, dann dreht sie sich um und zeigt ihren Po, den sie vulgär hin und her schwingt. Das löst eine Welle von derben Zurufen und Obszönitäten aus. Einer ruft:

Oh, la la – noch 'ne Carmencitá!

CRISTINA beginnt auf den Tischen zu tanzen, wobei sie die Tanzschritte stark übertreibt und sich in der Taille übermäßig biegt... Jemand hilft ihr herunter, und flink und graziös begibt sie sich in die Mitte des freien Ringes, wo sie der anderen «Carmencita» gegenübersteht. Sie bewegen sich eine auf die andere zu und imitieren als Duo einen improvisierten Flamenco mit bis zur Parodie übertriebenen Bewegungen. Sie biegen sich so stark in der Mitte, daß man einen Moment glauben könnte, sie brächen durch. Als die Ausgelassenheit auf dem Höhepunkt ist und alle singen, anfeuernde Zurufe ausstoßen und ganz dem Rhythmus hingegeben sind, hört man den berühmten «Marsch des Toreros» aus der Oper.
Aus einer anderen Garderobe tritt einer der Sänger, als Torero verkleidet. Er hat sich aus einem schwarzen Lappen, der auf beiden Seiten gerafft und mit einer roten Schnur zusammengebunden ist, eine originelle Stierkämpfermütze gebastelt. Die Hosenbeine hat er in die Socken gesteckt, und an den Füßen trägt er Turnschuhe. Als «rotes Tuch» dient ihm eine bläulich gestreifte Decke.
Die Erscheinung des TOREROS löst Heiterkeit aus beim Publikum. Er wird mit heftigem Klatschen empfangen, besonders als er, der Stierkampfzeremonie folgend, das «Präsidium» durch Ziehen seiner Mütze grüßt. Er setzt sich die Mütze wieder auf und beginnt mit dem Stierkampf. Mit dem «roten Tuch» täuscht er einen imaginären Stier durch einige Finten, die das Publikum mit Ovationen bedenkt.
Jetzt ertönt ein Pfiff. Das ist der Beginn des eigentlichen Stierkampfs, und von einer der äußeren Seiten tritt der Sänger GOMEZ vor, der den Stier darstellt. Geduckt, die Arme angewinkelt, streckt er die Zeigefinger beider Hände vor; sie stellen die Hörner dar. Der TORERO reizt den Stier, dieser geht auf ihn los und greift das «rote Tuch» an.
Man hört die begeisterten Rufe:

Olé! Olé!

Mit höchster Verwegenheit kniet der TORERO jetzt nieder und ruft den Stier. In dieser Stellung gelingen ihm einige sehr gute Finten – zur Begeisterung des Publikums, das aufgeregt brüllt. Man hört noch immer den «Marsch des Toreros» aus der Oper, der ab und zu vom Gesang der anderen begleitet wird.
Wieder ein Pfiff des «Präsidiums», das von JUAN ANTONIO verkörpert wird, und ein weißes Taschentuch kündigt eine neue Terz an.
TONIN steigt auf den Rücken des Größten im Ensemble, auf TAURO; einen Stock in der Hand, geht es in die «Arena», wo er wie ein Pikador versucht, dem Stier Stiche zu versetzen.
Das Publikum pfeift den «Pikador» aus.
Auf seinem menschlichen Pferd sitzend, sticht TONIN wütend auf den Stier ein, bis dieser wild wird und sich ein Kampf Körper an Körper zwischen Stier und Pferd entspinnt.

Der TORERO bittet das «Präsidium», den Stier nicht länger verwunden zu müssen.
Jetzt kommt der Moment für die «Banderillas», und «Pikador» und «Pferd» gehen an ihre Plätze zurück. Der TORERO ruft den «Stier», und das Tier hört auf seinen Zuruf. Jetzt nimmt der TORERO eine perfekte «Banderillero»-Stellung ein und steckt dem Stier sauber und präzise ein paar der mit Widerhaken versehenen Spieße, die sogenannten «Banderillas», was von dem buntgemischten Publikum mit heftigem Applaus gefeiert wird.
Es kommt der Augenblick der Wahrheit: der Stier muß getötet werden. Wie es die Tradition vorschreibt, nimmt der TORERO die Stierkämpfermütze ab und schleudert sie über die Schulter hinter sich. Mit einem gelb-rosa Pullover als «Muleta» und einem Spazierstock als Degen, den er durch den Pulloverärmel steckt, bereitet er sich auf die Tötungsszene vor.
Er bittet um Schweigen. Der TORERO konzentriert sich auf die Todesrunde. Er schwingt die «Muleta» und ruft den Stier:

Heeeee...!

Der Stier rennt an, und der TORERO sticht den Degen in ihn hinein. Tödlich verletzt fällt der Stier, und das Publikum steht auf vor Begeisterung. Das Meisterstück wird mit Hochrufen gefeiert. Auf den TORERO regnet es alle möglichen Gegenstände: Plastikbecher, Kleidungsstücke, sogar Schuhe. Der TORERO sucht der Begeisterung der Masse, die ihn fast erdrückt, zu entkommen. Aber schon heben die begeisterten Anhänger des Stierkampfs ihn hoch, um ihn auf den Schultern durch das große Tor hinauszutragen. In Wirklichkeit tragen sie den TORERO zum Ausgang des Studios.

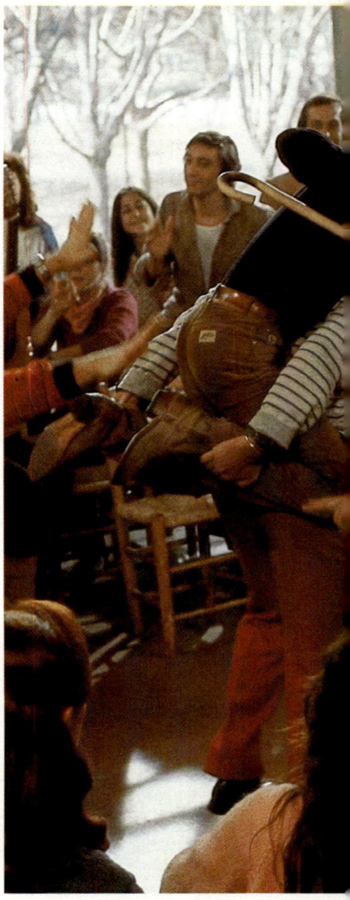

Außenumgebung des Studios

Mit dem TORERO auf den Schultern und gefolgt von der Menge, geht es nun hinaus auf die Straße, wo der Spaß weitergeht. Sie kommen von außen auf die großen Fenster des Studios zu, in dem ANTONIO, PACO und ein paar andere geblieben sind und nun durch die Scheiben das Getümmel betrachten. Die Männer tragen den TORERO bis dorthin, wo ANTONIO steht, und werfen ihn dann zur Empörung aller zu Boden. Der TORERO steht auf und wendet sich ohne Umschweife dem Fenster zu, hinter dem ANTONIO steht.
ANTONIO nähert sich der Scheibe. Er gibt dem TORERO durch das Glas einen Kuß auf den Mund. Die übrigen haben mitten auf der Straße einen Ring gebildet und setzen dort mit ungebrochener Begeisterung die Flamenco-Gaudi fort. In der Nähe des Ringes hält ein Auto, dem zwei Männer entsteigen.
CARMEN verläßt den Kreis, der wie sie die Tänzer anfeuert, und geht auf die soeben Ankommenden zu. Sie umarmt den Größeren, Schlanken. Aus der Entfernung kann man nicht genau erkennen, wer er ist. Der andere ist GIRON. Hinter den Fenstern beobachtet ANTONIO besorgt die Ankunft der beiden neuen Personen. Die zwei Männer und CARMEN gehen auf das Studio zu.

Antonios Studio

Antonio blickt zur Tür des Studios, durch die jetzt die Gruppe eintritt. CARMEN geht an der Seite eines großen, dunklen Typs, der wie ein Dandy gekleidet ist und dem eine Narbe quer durchs Gesicht läuft.
CARMEN, die sich im Gehen den hohen Steckkamm abnimmt, scheint glücklich an der Seite dieses Mannes. Als sie bei ANTONIO ankommt, bleibt sie stehen, hängt sich in den Arm des Subjekts ein und sagt:

Schau, Antonio, das ist mein Mann!

Man sieht, daß diese neue Figur ANTONIO ganz und gar nicht gefällt. Er streckt die Hand aus, die der andere ergreift und drückt:

Hallo!

Der mit der Narbe im Gesicht stellt sich sehr förmlich vor:

José Fernández Montoya, zu Ihren Diensten.

GIRON, lächelnd, begrüßt ANTONIO ebenfalls:

Antonio, wie geht's?

Unendlich glücklich schaut CARMEN ihren Mann an. Dann wendet sie sich an ANTONIO und sagt zu ihm:

Er kommt gerade aus dem Gefängnis. Ist das nicht himmlisch?

ANTONIO blickt auf das Paar, ohne etwas zu sagen. Er ist zutiefst bedrückt.

Studio, ein anderer Tag

Als könne er auf diese Weise seine schlechte Laune loswerden, schreit ANTONIO die Befehle so laut, daß ihm die Stimme versagt, während er eine Übung korrigiert, die gerade alle Tänzer und Tänzerinnen des Ensembles proben. Es ist ein sehr hartes Stück Arbeit, dieser wirklich schwierige Stepptanz, den das Ensemble sicher und diszipliniert aufführt. In drei Reihen, parallel zum Spiegel, die Hände in den Seiten, gleiten die Tänzer über die ganze Länge der Bühne und schlagen ihre Füße mit beeindruckender Kraft und Vehemenz auf das Parkett – manchmal mit den Schuhspitzen, dann wieder mit den Absätzen. Unaufhörlich kreuzen sich tanzende Beine. Kommen sie zum Stillstand, weil sie den Spiegel erreicht haben, drehen sie sich sofort wieder um und laufen ans andere Ende des Studios, um von neuem mit der Übung zu beginnen. Es ist ein ständiges Hin und Zurück und ein Wirrwarr von Beinen, die frenetisch mit den Absätzen stampfen oder zurücklaufen. Röcke und Hosen wirbeln durcheinander im Takt dieses teuflischen Rhythmus'. Und bei all dem hört ANTONIO im Hintergrund nicht auf zu schreien:

Nicht laufen! Tauro, das sieht aus wie einer, der aus dem letzten Loch pfeift! Der Rock, pack deinen Rock mit den Händen! Juan, dein Buckel! Auf! Weiter, weiter! Schau nicht auf den Boden! Die Fußsohlen! Halt dich gerade! Hoch, Tauro! Hoch das Kreuz!

Der Rhythmus des Stückes wird noch schneller. Die Tänzer können nicht mehr; es ist unmöglich, diesem Rhythmus zu folgen, und ANTONIO weiß das. ANTONIO läßt seine schlechte Laune an den anderen aus. Endlich beendet er die Übung:

Gut! Gut! Das reicht, das reicht!

Das Stampfen verstummt. Diesmal hat das harte Training die Tänzer stark mitgenommen; erschöpft hören sie auf. Sie lassen sich auf den Boden fallen, um die verlorenen Kräfte zurückzugewinnen. Einige strecken sich aus und bleiben liegen, ohne zu sprechen und nur mühsam atmend.
ANTONIO selbst scheint nicht sehr müde zu sein; er geht in der Nähe des Spiegels auf und ab wie ein gefangenes Tier.
CARMEN hat sich auf den Boden gelegt; lang ausgestreckt versucht sie sich zu erholen. Aber sie gehört nicht zu den völlig Erschöpften; sie ist sogar noch in der Verfassung, ihre Umgebung zu beobachten. Aus dem Hintergrund kommt TAURO, der auf sie zugeht. Er tut so, als wolle er auf sie treten, hält seinen Fuß dann über CARMENS Bauch an. Unerschüttert lächelt sie ihm zu. TAURO setzt seinen Weg zu den Waschräumen fort.
CARMEN setzt sich auf, ihr Blick folgt dem Mann, der jetzt im Waschraum angelangt ist und sich vom Gürtel aufwärts nackt auszieht. Er öffnet den

MARIDO: GARCÍA "EL TUERTO"
Antón
Cruza por
delante de Carmen

Wasserhahn und wäscht sich, indem er sich mit beiden Händen Wasser über Kopf, Hals und Brust gießt.
CARMEN gefällt dieser Mann, aber sie schaut wieder weg. Jetzt blickt sie zu ANTONIO, der am anderen Ende des Studios von einer Seite zur anderen läuft. CARMEN richtet sich auf. Sie geht in ANTONIOS Richtung, dabei muß sie ihren Kollegen ausweichen, die auf dem Boden liegen oder sitzen. Nun ist sie bei ihm. ANTONIO tut so, als liege ihm nicht viel an ihrer Anwesenheit, und fragt sie:

Was willst du?

Freundlich fragt CARMEN ihrerseits:

Was ist los mit dir, Antonio? Noch ein bißchen länger, und du hättest uns umgebracht!

ANTONIO, der eine Stinklaune hat, tut so, als hätte er der Frau gar nicht zugehört, und fragt sie noch einmal, jetzt lauter:

Was willst du?

CARMEN insistiert nicht weiter und schickt sich an wegzugehen.

Nichts, Mann, wenn du dich so aufführst...

Jetzt gibt ANTONIO sich sanfter, vielleicht weil er glaubt, daß er zu weit gegangen ist:

Wie soll ich mich schon aufführen? Geh du zu deinem Mann und laß mich in Ruhe!

CARMEN überrascht diese etwas kindische Reaktion ANTONIOS, und da er sich zum Gehen gewandt hat, folgt sie ihm. Sie nimmt ihn sanft beim Arm und sagt mit weicher Stimme:

Aber ich liebe ihn doch nicht mehr, Antonio... Es ist zuviel passiert, nicht wahr? Ich liebe nur dich.

ANTONIO traut ihr nicht mehr; er zeigt sich skeptisch:

Schon gut...!

CARMEN, die wunderschön aussieht in dem Licht, das durch die großen Fenster hereinflutet, sucht ihm mit weiblicher Überredungskunst klarzumachen:

Ich wollte mit dir darüber reden. Er will in den Süden gehen, ein anderes Leben anfangen. Das einzige, was er will, ist Geld...

Und ehe ANTONIO etwas sagen kann, fährt sie eindringlich fort:

Ich hab ihm schon von uns erzählt. Es kümmert ihn einen Dreck. Alles, was er will, ist weg von hier.

Halb ungläubig, halb glücklich schaut ANTONIO CARMEN an. Doch wie auch immer, ob es nun wahr ist oder gelogen, was CARMEN sagt: er will es glauben.

Antonios Schlafzimmer, nachts

Im Halbdunkel des Schlafzimmers liegen CARMEN und ANTONIO im Bett; sie rauchen einen «Joint», den einer dem anderen reicht. Die Laken bedecken nur zur Hälfte ihre nackten Körper. Sie haben gerade miteinander geschlafen. ANTONIO ist nachdenklich. CARMEN seufzt und fragt ihn:

Woran denkst du?

ANTONIO macht einen tiefen Zug an dem «Joint», den CARMEN ihm reicht, und stößt den Rauch schnell aus. Er richtet sich auf und öffnet die Nachttischschublade. Er nimmt ein dickes Bündel Geldscheine heraus, das er CARMEN gibt. Gleichzeitig sagt er sehr ernst zu ihr:

Ich hoffe, das reicht ihm. Und sag ihm, er soll dich in Ruhe lassen.

CARMEN nimmt das Geld, das er ihr reicht. Wie zur Antwort umarmt sie ihn, und ANTONIO drückt sie an seinen Körper.
ANTONIO ist verrückt nach ihr und imstande, alles zu tun, worum sie ihn bittet.

Carmen... Warum bleibst du nicht und lebst für immer mit mir?

Sie streichelt sein Haar – ganz langsam. Dann liebkost sie mit der Hand seine Wange.

Aber so ist es doch wunderbar mit uns. Oder etwa nicht?

ANTONIO blickt ihr in die Augen, und seufzend sagt er:

Ich habe Angst, dich zu verlieren.

Jetzt richtet CARMEN sich auf. Sie ist nackt. Sie wirft sich auf ANTONIOS Körper:

Sei nicht so dumm... Du bist der einzige, den ich liebe.

Ihre Lippen finden sich in einem langen, leidenschaftlichen Kuß.

Antonios Studio, abends

Carmens EHEMANN, nicht zu verwechseln wegen der quer durch sein Gesicht laufenden Narbe, sitzt mit ANTONIO, TAURO und GOMEZ beim Kartenspiel.
Von oben beleuchtet ein grelles Licht genau die Mitte des Tisches, auf dem Gläser und Getränke stehen; die Zuschauer, welche die vier Spieler umringen, bleiben im Halbdunkel. Unter ihnen sehen wir CARMEN, die das Spiel aufmerksam verfolgt.
Die Aschenbecher sind voller Stummel und die Gläser halb leer. Es herrscht eine Art Spielhöllen-Atmosphäre. Vor jedem Spieler liegt ein Haufen Geldscheine.
Eingehüllt in Zigarettenqualm, mischt TAURO die Karten; er läßt den EHEMANN von CARMEN abheben, und dann teilt er aus. Der EHEMANN bemerkt:

Da im Gefängnis war das alles, was wir den ganzen Tag lang machten: Karten spielen.

Sie schauen ihre Karten durch und legen ab, was sie nicht brauchen. TAURO teilt wieder aus. ANTONIO schiebt ein paar Scheine in die Mitte des Tisches und sagt dazu:

Vierzig Duros!

Vierzig Duros?

Fragt GOMEZ und überlegt einen Augenblick, ehe er zustimmt:

Ich gehe mit!

Der EHEMANN von CARMEN wendet sich an GOMEZ und, als sei das Spiel unwichtig für ihn, nimmt er das abgebrochene Thema wieder auf:

Du weißt ja nicht, wie das ist, wenn man wieder frei ist! Das kann man mit Worten gar nicht beschreiben!

PACO, der hinter ANTONIO im Halbdunkel bei den Zuschauern sitzt, kommt jetzt nach vorn und sagt zu ihm:

Aber jetzt geht's dir gut, was?

GOMEZ fragt ihn, während er sich seine Karten besieht:

Und was willst du jetzt machen?

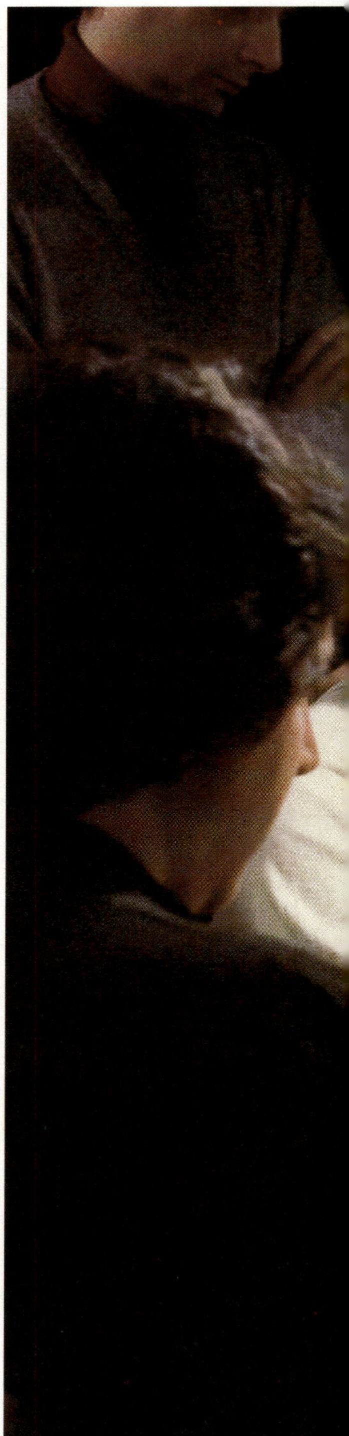

Der EHEMANN antwortet ihm:

Was ich machen will? Dasselbe wie immer. Verdammt, was soll ich denn sonst tun?

TAURO schaut in seine Karten und bemerkt:

Nun, das Drogengeschäft ist verflixt hart geworden. Es gibt eine Menge Konkurrenz.

Der EHEMANN erwidert angeberisch:

Ach, das gilt nicht für mich. Ich hab' gute Beziehungen.

ANTONIO erhöht den Einsatz. GOMEZ und TAURO geben auf. Selbstsicher und unbeirrt verkündet der EHEMANN von CARMEN:

Ich setze alles!

ANTONIO wirft ihm einen giftigen Blick zu; das Spiel geht nun Zug um Zug. ANTONIO zählt sein gesamtes Geld, das auf dem Tisch liegt, und setzt es:

Sechzehn Scheine!

Der EHEMANN von CARMEN setzt den gleichen Betrag und fragt selbstgefällig:

Was bringst du?

ANTONIO, überzeugt, daß er gewinnt, antwortet:

Einunddreißig.

Zu aller Überraschung legt der EHEMANN die Hand auf den Geldberg und sagt großspurig:

Einundvierzig gewinnt!

CARMEN, die während des ganzen Spieles schweigend hinter ihrem Mann stand, blickt ANTONIO an.
ANTONIO schaut zu CARMEN, die ihm kaum wahrnehmbar aber unmißverständlich zu verstehen gibt, daß das, was ihr EHEMANN sagt, gelogen ist.
Wie eine Raubkatze springt ANTONIO auf und packt mit beiden Händen das Geld, das der EHEMANN zusammengerafft hat. Gleichzeitig ruft er mit verzerrtem Mund und dem ganzen Haß, der sich auf dieses Subjekt angestaut hat:

Du Hurensohn!

Der EHEMANN von CARMEN erhebt sich mit einem Satz; er wirft dabei den Stuhl um und reagiert außergewöhnlich heftig. Er packt den Stock, den er stets mit sich führt, und holt aus zu einem fürchterlichen Schlag in ANTONIOS Richtung.
ANTONIO gelingt es, dem Stockschlag zu entgehen, der Gläser und Flaschen

zerschlägt, die auf dem Tisch standen. Der Stock hat die Lampe gestreift, die den Platz erhellte und die nun bedrohlich hin und her baumelt und bei ihren Schwingungen die Gesichter der Zuschauer beleuchtet.
ANTONIO zieht sich vom Tisch zurück und bewaffnet sich mit einem anderen Rohrstock; er ist bereit, sich zur Wehr zu setzen.
Der Zweikampf kann beginnen.
Die Gegner messen den freien Raum zwischen sich ab, dabei entfernen sie sich vom Spieltisch und von den jetzt Gruppen bildenden Zuschauern. Unter den Männern steht CARMEN, erschrocken und machtlos schaut sie auf die Streitenden.
Die Stöcke von ANTONIO und dem EHEMANN schlagen aggressiv auf den Fußboden. Die ins Riesenhafte vergrößerten Schatten zeichnen sich auf der Wand ab und wiederholen die Bewegungen der Männer.
Sie gehen aufeinander zu, ziehen sich zurück. Und dabei schlagen sie ständig rhythmisch mit den Stöcken auf den Parkettboden.
Sie benehmen sich wie Kampfhähne, die als erstes ihre Waffen vorzeigen und die Federn aufplustern, um so ihre Kräfte zu messen und den Augenblick abzuwarten, in dem sie sich überraschend auf ihren Gegner stürzen.
Die Gruppe der Zuschauer, in der sich auch CARMEN befindet, begleitet mit ihren Stöcken den Rhythmus, den die Duellanten vorgeben. Es ist ein manchmal synkopierender oder alternierender Rhythmus – wie bei einer zweiten Stimme.
Die Stöcke von ANTONIO und dem EHEMANN beschleunigen den Rhythmus. Die Intensität und Spannung des Duells wächst. Es ist ein dramatischer Kampf, ein Kampf auf Leben und Tod.
Blind vor Leidenschaft, startet ANTONIO jetzt einen wilden Angriff auf seinen Rivalen. Er versetzt dem EHEMANN von Carmen einen furchtbaren Schlag in die Nieren...
Der EHEMANN fällt zu Boden. Er krümmt sich zusammen. Dann hebt er den Kopf, um Luft zu schnappen, und genau in diesem Moment gibt ANTONIO seinem Feind den Rest mit einem gezielten Stockschlag in den Nacken.
Der EHEMANN bricht auf dem Parkett zusammen und bleibt unbeweglich liegen.
Eindrucksvolles Schweigen breitet sich aus.
Alle blicken auf ANTONIO: dunkle Zigeunergesichter, düstere und geheimnisvolle Blicke. Einer dieser Blicke gehört CARMEN, die sich jetzt den Weg aus der Gruppe freimacht und auf den Körper des EHEMANNS zugeht.
ANTONIO, sehr erschöpft, atmet auf, ohne die Zuschauer aus den Augen zu verlieren, so als rechne er jeden Moment mit einem Racheakt.
CARMEN blickt auf ihren Mann, der zu ihren Füßen auf dem Boden liegt und sicherlich tot ist. Dann schaut sie mit einem langen, tiefen Blick zu ANTONIO. Alle warten gespannt, wozu die Frau sich entscheiden wird. CARMEN streift den goldenen Ehering ab, den sie an ihrer linken Hand trägt, und wirft ihn voll Verachtung auf die Seite, wo die Leiche des EHEMANNS liegt.
Ohne die Zuschauer aus den Augen zu lassen – wohl, weil sie einen Vergeltungsakt befürchtet –, beginnt sie auf ANTONIO zuzugehen. Als sie ihn erreicht, gibt ANTONIO ihr durch ein leichtes Zeichen zu verstehen, sie solle sich hinter ihn stellen, wo sie durch seinen Körper geschützt ist. So trotzt das Paar jedem, der sich ihm in den Weg stellen sollte. Die Zuschauer blicken auf das Paar. Niemand bewegt sich. Niemand entschließt sich zu handeln; wahrscheinlich akzeptieren sie den Tod des EHEMANNES wie etwas, das früher oder später geschehen mußte.
CARMEN und ANTONIO weichen langsam zurück; sie gehen rückwärts und

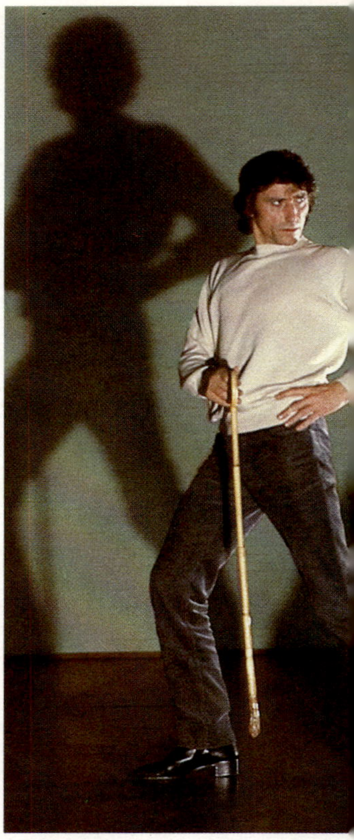

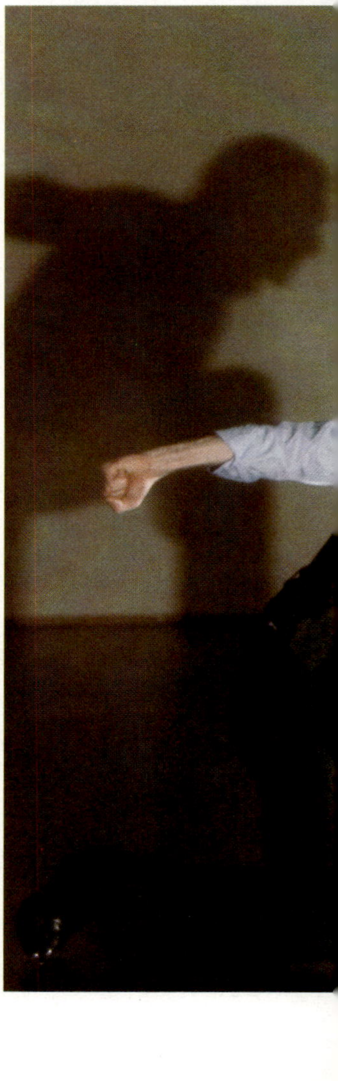

lassen dabei die Männer, die den Spieltisch umringen, nicht aus den Augen. Immer weiter gehen sie zurück, bis plötzlich CARMEN ANTONIO anschaut und unter Lächeln in überraschend feierlichem Ton zu ihm sagt:

Das reicht aber jetzt, nicht wahr?

Es scheint, als habe dieser von CARMEN gesprochene Satz dem Real-Irrealen der soeben erlebten Szene eine völlig andere Tönung gegeben. Und während CARMEN die Hände in ihre Taschen steckt und eine Bewegung macht, als wolle sie sich entfernen, geht in ANTONIOS Haltung eine Veränderung vor sich, wie wenn die Spannung zumindest teilweise gewichen wäre, und er begibt sich zu dem EHEMANN. Dieser wurde von dem Tänzer JUAN ANTONIO dargestellt, der noch immer wie tot auf dem Boden liegt. Als ANTONIO bei ihm ankommt, fragt er:

Juan, habe ich dir weh getan?

Und mit freundschaftlicher Fürsorge streckt er die Hand aus und hilft ihm aufzustehen.

Nein, nein, keine Sorge...

Das Spiel ist nun endgültig zerstört. Die Akteure kehren ins Leben zurück, die Magie entschwindet...
JUAN ANTONIO erhebt sich und reibt seine Nierengegend mit schmerzlichem Gesichtsausdruck. Alle anderen fangen an sich zu bewegen, zu reden. Die meisten entfernen sich in Richtung der Umkleideräume, um sich umzuziehen. ANTONIO bemerkt zu JUAN ANTONIO:

Das wär's dann!

JUAN nimmt die Perücke ab, die seine echten Haare verdeckt hatte. Völlig verschwitzt schnaubt er und sagt:

Ich konnte es kaum erwarten, das Ding abzunehmen. Ich geh' zum Abschminken.

Mit der Perücke in der Hand entfernt JUAN ANTONIO sich und läßt ANTONIO bei PACO stehen, der gerade zu ihm gekommen ist. PACO gratuliert ihm:

Sehr gut! Das war wirklich sehr gut!

ANTONIO schüttelt verneinend den Kopf.

Ich kann nicht mehr, Paco. Ich bin völlig ausgelaugt.

PACO muntert ihn auf:

Das sieht man Dir aber nicht an. Äußerlich siehst du fantastisch aus!

ANTONIO schüttelt weiter den Kopf. Er ist sehr müde, kurz vor der völligen Erschöpfung.

Antonio.- Paco, estoy muerto

Paco.- Pues no se te nota ~~nada~~ desde fuera, se te ve muy bien.

Antonio El año que viene dejo de bailar.

Paco ¡No digas tonterías, hombre! Llevas diciendo eso hace 15 años

Antonio Pero los años no perdonan...

Paco ¡Qué va! Si estás mejor que nunca

Nächstes Jahr höre ich auf zu tanzen. Es reicht jetzt wirklich!

PACO lächelt und antwortet ihm:

Das sagst du nun schon seit fünfzehn Jahren, und dabei wirst du jeden Tag besser...

Man spürt die Jahre, Paco.

Glaub mir, du hast getanzt, wie ich dich noch nie gesehen habe.

Aber ANTONIO bleibt pessimistisch:

Ach, komm...

PACO nimmt ihn beim Arm und ermuntert ihn freundschaftlich:

Komm, Kopf hoch! Hör zu, ich gehe jetzt. Kann ich noch was für dich tun?

ANTONIO dankt dem Freund für seine Worte.

Nein, vielleicht sehe ich dich später noch. Wenn nicht, dann morgen... Vielen Dank.

PACO entfernt sich in Richtung der Umkleideräume.
ANTONIO, der jetzt allein ist, macht ein paar Tanzschritte, um die Muskeln zu lockern. Er reibt sich die Schultern. Als er an die Halswirbel kommt, verzieht sich sein Gesicht vor Schmerz. Er stellt den Stock auf die Seite und legt sich in seiner ganzen Länge auf den Fußboden. Langsam ein- und ausatmend sucht er sich zu entspannen.
Das Studio ist jetzt ruhig und still. Aber irgend etwas stimmt nicht... Schwer zu sagen, was es ist.
ANTONIO spürt es, und er richtet sich auf, um zu horchen. Man hört ein Stück aus der Oper, das der Mezzosopran mit voller, herrlicher Stimme singt: es ist die Stimme der Carmen. Auf dem Boden sitzend, blickt er in die Richtung der Umkleideräume; von dort scheint das Lied zu kommen... Doch nichts, in diesem Teil des Studios ist nichts Besonderes. Die letzten Nachzügler gehen; sie tragen ihre Sporttaschen.
ANTONIO, der beunruhigt ist und die ihn quälende Vorstellung nicht los wird, erhebt sich und geht auf die Waschräume zu. Die Opernmusik begleitet ihn. Er nähert sich den Waschräumen, und genau in diesem Augenblick kommt JUAN ANTONIO heraus, der sich von ihm verabschiedet:

Bis morgen, Antonio!

Das Studio ist nun vollkommen leer, aber ANTONIO hat noch immer dieses Gefühl... Er kommt an die Tür zu den Umkleideräumen. Dort bleibt er stehen. Er will weitergehen, als man ganz leise einen keuchenden Atemzug hört, ein Flüstern, leise Stimmen... Er betritt den Umkleideraum, stößt die Tür weit auf und macht Licht. Ordentlich, in langen Reihen wie in den großen Kaufhäusern, hängen hier unzählige Tanzroben auf Kleiderbügeln.
ANTONIO arbeitet sich vor, indem er mit beiden Händen die Kleider mit den vielen Volants teilt, als durchquere er einen dichten Urwald aus bunten Stoffen. Und plötzlich, als tauchten sie aus dem Boden hervor, erscheinen TAURO und

CARMEN, die hastig ihre Nacktheit bedeckt. TAURO knöpft sich ganz ruhig sein Hemd zu und schaut dabei ANTONIO an.
ANTONIO betrachtet das Paar einen Augenblick. In seiner Miene spiegeln sich Wut und Trauer. Er dreht sich um und sagt:

Tauro, raus hier! Ich will dich nicht mehr sehen. Verschwinde!

TAURO sucht ANTONIO zu besänftigen, aber er bringt fast keine Stimme heraus.

Hör mal, Antonio, nimm's nicht so tragisch...

Aber ANTONIO ist nicht zum Einlenken bereit; er schreit ihn an:

Laß mich in Ruhe! Ich will dich nicht mehr sehen! Hau ab!

CARMEN ist nun fertig angezogen; sie kommt durch die Kleider nach vorne und blickt mit tiefer Verachtung auf ANTONIO. Keß geht sie vor ihm vorbei. In diesem Augenblick packt ANTONIO sie mit Gewalt beim Arm, doch sie macht eine knappe Drehung und befreit sich mit einem Ruck. Gleichzeitig schreit sie:

Laß mich los!

CARMEN verläßt den Umkleideraum, gefolgt von ANTONIO, der laufen muß, um sie einzuholen. Wieder packt er sie am Arm, so daß sie stehen bleiben muß.

Als CARMEN sieht, daß sie festgehalten wird, ist sie wütend; wild und ohne Furcht schreit sie ihn an:

Du tust mir weh!

ANTONIO schaut CARMEN an. Die Augen der Frau lodern.
ANTONIO ist sich seiner lächerlichen und kindischen Handlungsweise bewußt. Er läßt sie los.

Einverstanden, einverstanden... Ich habe nicht das Recht, etwas von dir zu verlangen, aber ich kann so nicht mehr leben, Carmen...

Der Mann, der das sagt, ist geschlagen, vernichtet. Unwiderruflich in den Netzen der Frau gefangen, hat er sogar seine Würde verloren.
CARMEN ist noch immer wütend. Jetzt ist sie die Überlegene, und sie stellt ihre Bedingungen:

Ich will nicht gequält werden, und noch weniger will ich bewacht werden. Ich will frei sein und tun und lassen, was ich will!

Völlig vernichtet, versucht ANTONIO ihre Untreue zu begreifen.

**Aber... Warum betrügst du mich mit dem erstbesten Idioten?
Was geben die dir, das ich dir nicht geben könnte?**

CARMEN hört nicht zu; sie interessiert sich nur für sich selbst.

Ich habe dir nichts versprochen. Du hast kein Recht, auch nur das Geringste von mir zu verlangen. Wir lieben uns. Also gut! Ich weiß nicht, was du außerdem noch von mir willst!

Fast beschwörend sagt ANTONIO:

Ich möchte immer mit dir zusammen sein. Ich weiß, ich bin eifersüchtig und besitzergreifend... Aber ich will dich mit niemand teilen...

Er dreht sich um; mit dem Rücken zu CARMEN hält er sich an einer Stuhllehne fest. Dort steht er mit gesenktem Kopf; er weint und will nicht, daß CARMEN seine Schwäche sieht. CARMEN schaut zu ihm hin. Sie wird etwas freundlicher. Vielleicht tut ihr leid, was sie gesagt hat... Sie kann ANTONIO nicht in diesem bedauernswerten Zustand sehen. CARMEN ist weder so hart gesotten noch so grausam, wie es den Anschein hat... Mit einem Ausdruck von Zärtlichkeit im Gesicht geht sie zu ihm, dreht ihn zu sich herum und nimmt sein Gesicht in ihre Hände. So als spräche sie mit einem Kind, sagt sie weich zu ihm:

Ist ja gut... Aber wie kannst du nur so dumm sein? Weißt du denn nicht, daß ich dich liebe?

ANTONIO klammert sich an sie wie ein hilfloses, schutzbedürftiges Wesen. Er vergräbt sein Gesicht in ihrem Haar. CARMEN tröstet ihn, liebkost ihn zärtlich, aber in ihren großen, dunklen Augen liegt ein geheimnisvoller, tragischer Ausdruck.

Antonios Studio, letzter Tag

Vor einem der großen, fahrbaren Spiegel, der von den schwarzen Vorhängen eingerahmt ist, sitzt, von oben durch Strahler angeleuchtet, der TORERO halb angekleidet auf einem Stuhl. Sein Adjutant, der DEGENBURSCHE, hat ihm gerade den Zopf befestigt. Der TORERO trägt ein prunkvolles, scharlachrotes und mit Gold besticktes Gewand, das seinen sehnigen, kraftvollen Körper eng umschließt. Der TORERO erhebt sich, und der DEGENBURSCHE zieht ihm die kurze Jacke an, die er sorgfältig zurechtrückt. Der TORERO betrachtet sich im Spiegel. Er streckt die Arme aus, um zu prüfen, ob alles in Ordnung ist. Der DEGENBURSCHE reicht ihm den rot-gelben Umhang. Der TORERO nimmt ihn, macht ein paar Schritte und stellt sich in die Mitte der Szene. Er schwingt den Umhang einige Male kunstvoll und elegant und endet mit einer prachtvollen Schwungfolge.

Und dann erklingen auch schon die ersten schneidigen Takte des Pasodoble «El gato montés» (Die Wildkatze). Die schwarzen Vorhänge gleiten zur Seite, und das Studio wird in Licht getaucht. Eine Menge Menschen steigen schwatzend, lachend und kreischend auf die Bühne... Jeder sucht sich einen Partner, und sie beginnen, im Takt des Pasodoble zu tanzen.

In einem Augenblick hat sich die Atmosphäre im Studio vollkommen verändert; es gleicht jetzt einem riesigen Festsaal, in dem – was, weiß man nicht so genau – gefeiert wird. Durch die großen Fenster sieht man hinaus auf den Park «Casa de Campo», sieht die Bäume und die Sonne, die ins Studio scheint.

Unter den tanzenden Paaren erkennen wir CARMEN und ANTONIO. Sie machen einen glücklichen Eindruck. Er ist, wie immer, sehr ernst, sie etwas zerstreut, hierhin und dorthin blickend.

Im Hintergrund des Studios und später seitlich, zunächst verdeckt durch die ohne jede choreographische Ordnung tanzende Menge, naht der TORERO mit seinem Gefolge.

Als die Leute seine Anwesenheit bemerken, klatschen sie ihm jubelnd zu. Der TORERO hat soeben in der Arena einen bedeutenden Triumph errungen und grüßt überglücklich die ihn feiernde Menge.

Während sie ihm applaudieren und zurufen, machen sie Platz für ihn. Er sucht eine Tanzpartnerin. Sein Blick bleibt auf CARMEN haften.

CARMEN hält seinem Blick stand und lächelt ihm zu, ohne sich um ANTONIOS Gegenwart zu kümmern.

Der TORERO ist nun bei ihr; er geht um sie herum und betrachtet sie unverfroren von oben bis unten – mit der Billigung CARMENS, die den TORERO mit glänzenden Augen anlächelt.

ANTONIO schaut diesem Spiel mit ohnmächtiger Wut zu.

Schließlich faßt der TORERO sie bei der Hand, zieht sie zu sich hin und tanzt den Pasodoble mit CARMEN, die ANTONIO seelenruhig stehen läßt. Eine ganze Weile tanzen sie den Pasodoble sehr eng, sehr harmonisch. Es sieht so aus, als sei CARMEN die perfekte Partnerin für den TORERO.

ANTONIO kann es nicht länger ertragen und reißt CARMEN mit einem Ruck weg vom TORERO.
Diese bedrohliche Geste ANTONIOS setzt dem Pasodoble ein Ende. Gewalttätigkeit liegt in der Luft.
Der TORERO schaut ANTONIO an und stößt mit einer Pfeife drohende Pfiffe aus, die von den Zigeunern seines Gefolges sofort aufgenommen werden. Sie ziehen sich von dem Paar zurück, weil sie den triumphalen Stierkampftag nicht durch eine Nichtigkeit zerstören wollen. Nach und nach bilden sich zwei Gruppen: die einen mischen sich unter die Zigeuner, die anderen unter das Landvolk; dort sind auch CARMEN und ANTONIO.
Und während die Zigeuner mit beneidenswerter Vitalität und Ausgelassenheit im Takt von «Bulerías» zu tanzen beginnen, intonieren die «anderen» eine Folge von «Sevillanas».
CARMEN, die von ANTONIO geradezu weggezerrt wird, ist nicht bereit zuzulassen, daß irgend jemand für sie Entscheidungen trifft. Und während einer der Sänger eine «Sevillana» anstimmt, zu der die übrigen anmutig und fröhlich tanzen, führt das Paar einen Wortwechsel. Man kann nicht hören, was sie sagen, aber man erkennt, daß CARMEN ANTONIO verlassen will, um mit den Zigeunern wegzugehen. Der Text der «Sevillana», die nun gesungen wird, spielt auf diese Situation an. Er lautet:

Ach, wie schrecklich ist die Liebe
und die Eifersucht Verrat.
Und die Eifersucht Verrat;
sie ist schuld an allem.
Daher sterbe ich vor Eifersucht.
Sie ist schuld an allem,
und ich sterb' vor Eifersucht.
Wer verliebt ist, der muß leiden,
denn die Eifersucht verzehrt ihn.
Von dem Abend bis zum Morgen
peinigt ihn die Eifersucht,
ja, die Eifersucht verschlingt ihn.

CARMEN wartet nicht, bis die «Sevillanas» zu Ende sind, und trotz der vehementen Behinderung durch ANTONIO geht sie weg und wendet sich dem TORERO und den Zigeunern zu. Die Zigeunergruppe nimmt CARMEN mit Freude auf; sie betrachten sie als eine der ihren. Der TORERO lächelt sie glücklich und dankbar an für diese Geste.
ANTONIO betrachtet CARMEN und faßt einen Entschluß. Er kann es nicht mehr ertragen, und es ist ihm ohnehin alles egal. Er durchquert die Reihe der Zigeuner, die rhythmisch in die Hände klatschen, packt CARMEN am Arm und zieht sie brutal und gewaltsam aus der Gruppe – er muß sie fast schleifen.
Die Zigeuner sind entrüstet und nicht bereit, diesen zweiten Affront hinzunehmen; einige der Männer ziehen ihre großen Messer, um auf ANTONIO loszugehen, der jedoch sogleich von den Seinen schützend umringt wird. Es bilden sich zwei Gruppen.
Der Zigeuner-TORERO sucht seine Anhänger dazu zu bewegen, ihre Messer wieder einzustecken. Dies hier ist seine Angelegenheit, und er allein wird sie regeln.
Er fordert ANTONIO heraus, und mit einer provozierenden Drehung zu ihm hin beginnt er zu tanzen. Es ist ein zeremonieller Tanz, ungewöhnlich und von großer Schönheit, der tief aus dem Innern kommt. CARMEN, die neben ANTO-

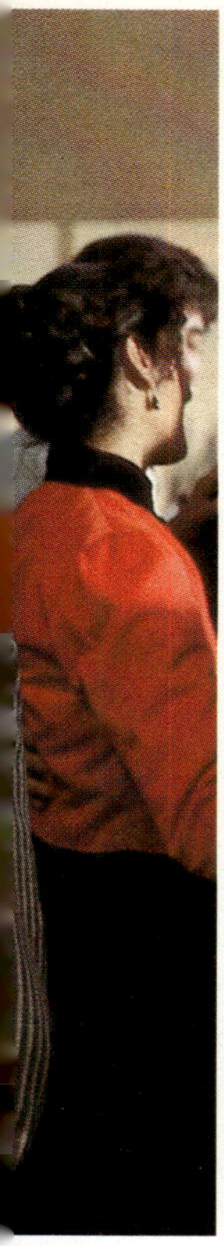

NIO steht, verfolgt aufmerksam den Tanz des TOREROS, doch spielt sie in diesem Duell, zu dem die beiden Männer sich fordern, keine große Rolle.
Als der TORERO seinen Tanz beendet, dreht er mit einem abschließenden Schnörkel ANTONIO den Rücken zu, als wolle er damit sagen:
«Da hast du's! Mal sehen, was du machst!»
ANTONIO nimmt die Herausforderung an. Er tritt einen Schritt vor und schickt sich an zu tanzen. GOMEZ singt einen «Mirabrás».
ANTONIO tanzt wie noch nie zuvor in seinem Leben. Seine männliche Eitelkeit steht auf dem Spiel, seine Beziehung zu CARMEN... Angesichts der beiden Männer, die um sie streiten, verharrt CARMEN mit abweisender Miene. Sie ist es leid, daß andere über sie bestimmen. Daher wartet sie nicht, bis ANTONIO seinen Tanz beendet hat; sie geht zwischen den beiden Männern hindurch und wendet sich in Richtung der Umkleideräume.
Als ANTONIO diese verachtungsvolle Geste der Frau bemerkt, hört er auf zu tanzen und geht ihr wütend nach.
Die übrigen – vielleicht, weil sie an die zahllosen Streitereien des Paares gewöhnt sind – schenken ihnen keine weitere Beachtung und geben sich dem Fest hin. Bald hört man wieder Lachen und das rhythmische Klatschen der Hände.
ANTONIO überquert die Bühne, steigt die Stufen hinab und holt CARMEN ein. Er hält sie gewaltsam fest. CARMEN stellt sich ihm gegenüber. Wütend sagt sie zu ihm:

Laß mich bloß in Ruhe. Es reicht mir! Jetzt reicht es!

ANTONIO fragt schreiend:

Aber was habe ich dir getan?

Jetzt wird auch CARMEN heftig:

Ich bin es endgültig satt!

ANTONIO, angesteckt von dieser Heftigkeit und verzweifelt, versucht, sie fest zu packen und mit Gewalt zu küssen. Als er spricht, tut er dies nicht in flehendem Ton, sondern drohend:

Was ist es, was habe ich dir getan? Carmen, verlaß mich nicht! Verlaß mich nicht!!

Sie leistet ihm Widerstand, entzieht ihm ihren Mund. Sie provoziert ihn, indem sie voller Verachtung zu ihm sagt:

Nichts mehr brauchst du zu tun. Laß mich in Ruhe!

Es gelingt ihr, für einen kurzen Augenblick von ihm freizukommen. Sie flieht, aber ANTONIO holt sie ein und drängt sie an die Wand.
Er küßt sie und preßt sie dabei gegen die Mauer. Ihr Körper verschwindet zeitweilig hinter der Säule.
Jemand kommt ins Studio und geht an dem Paar vorbei. Er wirft einen neugierigen Blick in ihre Richtung, das ist alles.
CARMEN setzt sich zur Wehr und stößt den Mann mit all ihrer Kraft zurück. ANTONIO läßt von ihr ab, kommt aber hartnäckig wieder. Mit der blinden

Brutalität eines Gewalttäters preßt er die Frau in seine Arme. Sie wehrt sich mit ihrer ganzen Kraft.
Es ist das Finale der Oper *Carmen* – die gewaltige Stimme des Don José und die Stimme der Carmen, die nein sagt und nein sagt...
ANTONIO zieht ein Schnappmesser aus der Gesäßtasche seiner Hose und sticht wie in Raserei auf die Frau ein.
Die glänzende Klinge dringt in ihren Körper, der halb verdeckt ist durch die Säule.
Nach einer Weile, als ANTONIO schon aufgehört hat, auf sie einzustechen, taucht CARMEN hinter der Säule auf, die sie verborgen hatte, tödlich verletzt klammert sie sich an ANTONIOS Beine, gleitet an ihnen herab und sinkt langsam zu Boden, bis sie tot vor seinen Füßen liegen bleibt.
Voller Entsetzen schaut ANTONIO auf die Frau; das Messer hält er noch in der Hand.
Im Studio scheint niemand die Tragödie bemerkt zu haben.
In der Nähe der hell erleuchteten Fenster unterhalten die Leute sich weiter – ohne zu ahnen, was sich in nur wenigen Metern Entfernung ereignet hat.

Über diesem Bild, über dem strahlend hellen Studio erklingen die letzten Takte der Oper *Carmen.*

ALMACEN

Antonio Gades: **Unsere «Carmen» und die Bedeutung des Tanzes in meinem Leben**

Vorgeschichte

Ich möchte vorausschicken, daß Film und Theaterversion über dieses Thema nicht meine erste Begegnung mit *Carmen* darstellen. In der Oper *Carmen* agierte ich bereits im Jahre 1957 in Verona zusammen mit Ettore Bastianini (Escamillo), Giulietta Simionato (Carmen) und Franco Corelli (Don José). Und 1962 beauftragte mich Giancarlo Menotti, der die *Carmen* für das Festival von Spoleto inszenierte, mit der Choreographie für *Carmen*. Danach habe ich sie in der Mailänder Scala mit Mauro Bolognini gemacht – 1972, glaube ich – und später in der Oper von Chicago.

Noch ehe ich Carlos kannte, trug ich mich schon mit der Absicht, die *Carmen* zu verfilmen, aber ich hatte eine völlig andere Gestaltung im Sinn. Ich wollte für die Handlung, die Dekoration und fast die gesamte Choreographie die Aufführung des kubanischen Nationalballetts zum Vorbild nehmen, und zwar mit der Choreographie, die Alberto Alonso für Maria Plisetskaja gestaltet hatte. Als ich jedoch mit Carlos die *Bluthochzeit* gedreht hatte und der Gedanke an eine Verfilmung der *Carmen* wieder auflebte, entschlossen wir uns, nicht nur den Film, sondern auch die Theaterversion miteinander zu inszenieren.

Wie gesagt, wir arbeiteten erstmals bei der Verfilmung von *Bluthochzeit* zusammen. Ich hatte damals das Ballett des gleichen Titels schon fertig, und daher beschlossen wir, es mit Emiliano Piedra zu verfilmen; Carlos gab dem Ballett die Filmprägung. Bei *Carmen* lag der Fall anders: Hier bestand von Anfang an die Absicht, einen Film zu machen, und erst danach kam der Entschluß, ihn für das Theater umzuformen. Die Theaterversion ist übrigens völlig anders; sie enthält beispielsweise nur drei Tänze. Im Theater gibt es auch nicht die Liebesgeschichte zwischen dem Choreographen und der Tänzerin, hier existiert diese doppelte Handlung nicht.

Diese gegenseitige künstlerische Befruchtung, die zwischen Saura und mir stattfand, ist, so glaube ich, fundamental und instinktiv. Ich war vorher nicht mit Carlos befreundet, obwohl ich natürlich seine Arbeit mehr oder weniger kannte, so wie er die meine. Wir waren wie zwei Bahnen, die sich irgendwann kreuzen sollten, und das geschah. Als wir an der *Bluthochzeit* arbeiteten, wurde mir klar, wie sicher auch ihm, daß wir beide nur eines wollten: die Wirkung meines Werkes noch steigern mit Hilfe des Mediums Film. Ich trug mein Wissen bei und er seines. Wenn ich gefragt werde: «Wieviel hast du beigetragen und wieviel Carlos?», dann antworte ich, daß es insgesamt 200 Prozent sind, weil jeder von uns 100 Prozent einbrachte. Keiner hielt mit seinem Wissen, seinem Können, seinem Einsatz zurück. Und deshalb entschlossen wir uns, weiter miteinander zu arbeiten. Obwohl er mich für seine Arbeit nicht braucht noch ich ihn für die meine, können wir zusammen ganz andere Dinge verwirklichen. Dinge, die mir gar nicht in den Sinn gekommen wären und ihm vielleicht auch nicht. Aus unserem Miteinander entstanden *Bluthochzeit*, *Carmen* und, so hoffe ich, auch die nächste Arbeit.

Der Tanz ist mein Leben

Sowohl im Film als auch in der Theaterversion strahlt unser Tanz Kraft aus und wirkliches Leben. Es ist kein akademischer Tanz, bei dem man eine Übung, eine Technik oder Formen zeigt. Unser Tanz ist etwas Vitales, die Ausdrucksform einer Kultur; in ihm zeigt sich die Seele eines Volkes. Dieser Tanz ist nicht kalt, sondern die Manifestation der Empfindungen der Tanzenden, die durch ihn einen Seelenzustand zum Ausdruck bringen.

Ihr Ausdrucksmedium ist der Körper. Bei mir ist es auch so. Der Körper, mein Körper und der Tanz sind die Medien, mit deren Hilfe es mir möglich war, meine Sehnsüchte zu verwirklichen. Der Tanz hat

---

Im vorliegenden Text gibt Antonio Gades, zur Zeit der bedeutendste Repräsentant des spanischen Tanzes auf internationaler Ebene, einen Schlüssel zu seiner Persönlichkeit, seinem Leben und Werk.

mir geholfen, mich von Elend und Armut zu befreien, durch den Tanz habe ich Menschen kennengelernt, denen ich ohne ihn nie begegnet wäre. Dem Tanz verdanke ich es, daß ich Picasso, Miró und viele große Künstler persönlich kennenlernen durfte und auch viele Kollegen. Daher schulde ich dem Tanz Dank und großen Respekt. Durch ihn war es mir möglich, mich in dem Maße ausdrücken zu können wie ein Maler durch seine Werke. Doch darüber hinaus hat der Tanz noch eine wunderbare und stimulierende Eigenart: er ist schwierig, er ist ungeheuer schwierig. Ein Maler arbeitet mit einer Leinwand, mit Pinseln und Farben, aber ich arbeite mit lebendigem Material: mit Menschen. Aus diesem Grunde neige ich mehr und mehr dazu, die These der Choreographen und Tänzer zu widerlegen, daß alle gleich sein müssen, daß alle groß und schön sein müssen und körperlich wohlproportioniert. Mir scheint der Tanz weit mehr als das zu sein. Das wirkliche Gefühl, aus dem heraus der Mensch tanzt, ist uns verlorengegangen. Vielleicht sind unsere Aufführungen auch deshalb so erfolgreich, weil die, die hier tanzen, menschliche Wesen sind und nicht Archetypen einer ganz bestimmten Gattung. Bei uns tanzen die Dicken, haben die Kahlköpfigen ein Recht zu tanzen und die Häßlichen, die Schönen und die Alten . . . alle dürfen tanzen. Und das bedeutet eine Vermenschlichung der Technik.

Ich fühle mich so sehr mit dem Tanzen identifiziert, es ist so tief in mir verwurzelt, daß ich manchmal nicht weiß, ob ich es bin, der spricht, oder die von mir dargestellte Person. Im Film gibt es zum Beispiel eine Szene, in der Carmen mich bittet, für sie zu tanzen. Und während ich mit den Absätzen eine *farruca* zu steppen beginne, sage ich zu ihr: «Seit ich fünfzehn bin, habe ich alles oder doch fast alles getanzt, aber die *farruca* hat mich gelehrt zu verstehen, und dafür bin ich ihr dankbar. Es gibt Augenblicke, da muß ich sie tanzen. Warum, weiß ich nicht; ich brauche es einfach.» Das ist eine autobiographische Antwort, denn als wir uns zu dieser Szene entschlossen, fragte Carlos mich, was ich über die *farruca* zu sagen hätte, und ich sagte das, was ich fühle und was wahr ist. Ich weiß nicht, wie es in anderen Berufen oder Künsten ist, aber mir scheint, daß es immer ein bestimmtes Detail ist, dessentwegen du die Gesamtheit dieser Kunst, in der du dich bewegst, verstehst. So könnte ein Schauspieler sagen: «An dem Tag, als ich den Sinn von ‹Sein oder Nichtsein› erkannte, verstand ich meinen Beruf.» Genauso erging es mir. Ich tanzte alles, aber solange ich mich nicht unter Kontrolle hatte, solange ich die Stille nicht beherrschte, die Schlichtheit, die Ausgewogenheit, solange ich dem Ästhetizismus verfallen war, verstand ich nichts . . . Als ich das aber gelernt hatte, war mir bewußt, daß ich damit alles andere auch verstand.

Das ist lange her. Ich tanze seit zweiunddreißig Jahren, 1952 fing ich an, aber davor hatte ich bereits vier Jahre gearbeitet. Mit elf Jahren, 1948, habe ich zu arbeiten begonnen, und zwar in einem «künstlerischen» Beruf: ich arbeitete als «Stift» bei einem Fotografen. Da ich aber sehr ehrgeizig bin, ich war immer sehr ehrgeizig, genügte mir das nicht, und ich ging in meiner Freizeit ins Labor und schaute zu beim Entwickeln und Vergrößern. Danach arbeitete ich bei der Zeitung ABC. Ich war immer auf dem Sprung. Und ich habe immer intensiv gelebt – neben der Arbeit und neben der physischen Anstrengung des Tanzens. Und ich ging zu allen Kundgebungen; sie interessieren mich. Aber ich war keiner von denen, die wie das Pferd des *picadors* mit einem verbundenen Auge gehen, wohin sie geschoben werden. Und ich glaube, all das hat mich geformt.

Außerdem glaube ich an den Wert der Arbeit, und mir scheint, daß das, was man Inspiration oder Glück nennt, sich ohne Arbeit nicht einstellt.

Zum Tanz kam ich, weil der Hunger mich trieb. In Wahrheit wollte ich studieren, aber mit elf Jahren mußte ich arbeiten gehen, um meine Familie zu unterstützen. Ich war der einzige Sohn, mein Vater war ein Versehrter, und es ging uns nicht gut. Ich konnte nicht studieren, also versuchte ich neben meiner Arbeit alles, was mir möglich war. Ich spürte in mir andere Sehnsüchte, das Leben durfte sich nicht darin erschöpfen, in eine Fabrik zu gehen. Also suchte ich andere Aufstiegsmöglichkeiten, die unsereinem offenstanden, das heißt Torero zu werden oder Tänzer, Fußballer, Radfahrer . . . Und kam zum Tanz durch puren, puren, puren Zufall. Ich lernte sehr schnell; im Nachahmen hatte ich das Talent eines Affen. Ich wußte nicht, was ich machte, aber ich machte es. Ich hatte Muskeln, Vitalität und Eignung im Überfluß. Daher lernte ich schnell. Doch im Grunde imitierte ich niemand. Ich sah einen Tanzschritt, nahm ihn auf, übte ihn und eignete ihn mir an. Auf diese Weise verwandelte sich der Schritt einer anderen Person fast automatisch in meinen eigenen. Ich übernahm die Struktur des Schrittes, aber nicht sein Gefühl. Das Gefühl gab ich ihm nach meinem eigenen Empfinden.

Die große Lehrmeisterin meines Lebens war Pilar López, der ich unendliche Dankbarkeit bewahre. Ich glaube, das beste, was ein Mensch haben kann, ist ein Lehrmeister. Pilar lehrte mich etwas sehr

Wichtiges. Sie lehrte mich die Ethik des Tanzes. Das hat mir im Leben sehr viel geholfen.

Pilar habe ich eigentlich mehr durch Zufall kennengelernt, wie sich alle wichtigen Dinge im Leben zu ereignen pflegen. Ich hatte schon einige Zeit getanzt. In Madrid hatte ich angefangen. Eines Tages gab ein Herr mir einen Vertrag. Ich glaubte, ich solle Flamenco tanzen, aber ich mußte mit einer Trommel auftreten und dieses «Mambo, ich liebe Mambo» tanzen. Und so fand ich mich in Santander und tanzte *mambo*. Danach ging es nach Barcelona. Und in Barcelona warf man mich weg wie eine Zigarettenkippe. Sie reisten ab und ließen mich am Hafen zurück; für zehn Uhr hatten sie mich bestellt, aber das Schiff war um sieben schon ausgelaufen. Man hatte mich versetzt, aber ich verzagte nicht. Ich bewarb mich um Arbeit in «Barcelona bei Nacht» und erhielt sie. Um nicht aus der Übung zu kommen, schrieb ich mich außerdem in einer Akademie ein. Ich war also in Barcelona und arbeitete in der Schau eines Negers namens Harry Fleming, als mich Manolo Castellanos sah, dem mein Tanzen gefiel und der mich Pilar López empfehlen wollte. Ich glaubte nicht daran, aber eines Tages rief mich Pilar an und bat mich, nach Madrid zu kommen; sie wollte mich kennenlernen. Und tatsächlich nahm sie mich. Nach den ersten Tanzschritten sagte sie: «Gut, gut, hören Sie auf!» Sie hatte wohl Angst, ich würde mir die Beine brechen; denn ich führte ihr Sprünge vor wie ein Affe. Damals tanzte ich erst drei Monate. Als Pilar mich rief, war ich im «Rio Club» – nach den zwei Nummern in «Barcelona bei Nacht», wo ich begonnen hatte. Neben Pilar López haben mich Leute wie Vicente Escudero und Alejandro Vega durch ihre Art zu tanzen beeindruckt ... Carmen Amaya war etwas ganz Besonderes – als Person und als außergewöhnliches Talent.

Zu Vicente Escudero hatte ich eine gute Beziehung, aber ich habe ihn nur einmal tanzen sehen. Dabei sagten viele, ich tanze so, als hätte er mir sein Leben lang Unterricht erteilt. Vielleicht rührt dies daher, daß ich – genau wie er – kein Andalusier bin. Ich stamme aus einer katalonischen Familie und bin in Elda geboren. Möglicherweise haben die nichtandalusischen Spanier eine andere Art, den Flamenco zu interpretieren, als die Andalusier selbst. Wie auch immer, Vicente Escudero jedenfalls kam zu mir, um mich kennenzulernen, und wir wurden Freunde. Er mochte mich sehr, und wenn wir in Barcelona waren, verbrachten wir immer die ganze Zeit miteinander. Aber unsere Beziehung hatte nichts mit Tanz zu tun; über das Tanzen sprachen wir nur. Er nannte mich einen «Hör-Dieb».

Später wurde ich Choreograph – notgedrungen. Weil ich nicht das Geld hatte, andere für diese Arbeit zu bezahlen, mußte ich sie selber machen. Und die Wahrheit ist, daß es mir gefällt. Ich liebe die Arbeit des Choreographen, die Regie. Ich bin gerne «hinter der Bühne», mich fasziniert der schöpferische Teil der Arbeit, bis sich sozusagen der Vorhang hebt.

Der Tanz selbst gefällt mir in jeder Variante, hat mich immer interessiert. Aber ich glaube auch, daß wir in Spanien den herrlichsten Tanz der Welt haben, und ich meine nicht nur den andalusischen Tanz ... Wir sind ein aus vielen außergewöhnlichen Ländern bestehendes Volk, von denen jedes seine eigene, wunderbare Folklore und Kultur besitzt ... Wir haben einen so schönen Tanz wie den baskischen, den katalonischen, den von Arragon und Kastilien, den von Galicia und viele andere mehr. Wir haben das Beste, was es auf der Welt gibt, und das sage ich nicht aus Patriotismus, sondern weil ich weiß, wovon ich rede.

Ich spreche hier von der traditionellen Folklore, der authentischen. Es ist eine Schande, daß sich – bedingt durch den Tourismus und die erwünschten Devisen – eine Pseudokultur gebildet hat, und es ist bedauerlich, daß es dafür keine Qualitätskontrolle gibt wie für Orangen oder Stahl und daß man daher Zugeständnisse an das «Galerie-Publikum» gemacht hat auf Kosten von Qualität und Reinheit. Ich

habe auf der Bühne niemals Zugeständnisse gemacht. Ganz im Gegenteil, in unseren Vorstellungen gehen wir sogar so weit, den Applaus zu unterbrechen; wir wollen keinen Applaus. Ich habe immer gesagt, daß es für mich der größte Erfolg wäre, eine Flamenco-Aufführung so zu beenden, daß das Publikum nicht applaudierte, sondern sich mit der gleichen Ergriffenheit erhöbe und entfernte wie in einer Kathedrale ... mit jenem Schweigen, jener Erhabenheit, die bewirken, daß man sich ganz klein fühlt. «Die Musik der Stille», wie Bergamin sagte.

Der Film. Carmen als Gestalt unserer Zeit

Tatsache ist, daß man bei *Carmen* nicht nur im Theater applaudiert, sondern auch im Kino. Vor allem im Ausland erheben sich die Leute am Ende des Films und sogar während der Vorstellung und applaudieren.

Um den Flamenco zu verstehen, muß man kein Experte oder Spanier sein. Ich glaube, es gibt eine Wechselwirkung zwischen Gefühl und Verständnis. Das Gefühl kann sich über das Verständnis einstellen. Zweifellos ist es besser, die Kenntnis vorher zu besitzen, denn dann können die Gefühle intensiver werden. So kann eine Person, die etwas von Malerei versteht, ein Gemälde analysieren und besser beurteilen. Aber auch jemand, der nichts von Malerei versteht, kann durch ein Gemälde in Emotion versetzt werden.

Carmen ist ein sehr aktuelles und bekanntes Thema. Allein in letzter Zeit sind, jeweils mehr oder weniger auf der Novelle von Mérimée oder der Oper von Bizet basierend, erschienen: die Theater- und die Filmversion von Peter Brook, die Filme von Francesco Rosi und Jean-Luc Godard und außerdem unsere Versionen, d. h. die von Carlos und mir. Ich glaube, daß dieses Wiederaufleben des Themas und der Erfolg darauf beruhen, daß dieser Mythos heute genauso gültig ist wie gestern oder morgen. Ebenso wie mir scheint, daß Don Juan, der Playboy, ein wenig aus der Mode ist, so denke ich, daß die kämpfende Frau, der Kampf der Carmen, sehr aktuell ist. Denn Carmen war zu ihrer Zeit eine Frau, die lieber sterben wollte als ihre Freiheit verlieren. Carmen ist eine Frau, die sich niemals abgrenzt; sie steht voll zu den Menschen ihrer Klasse. Sie ist außerdem eine Frau, die nicht an ein Besitzrecht von Gefühlen glaubt. Wenn sie liebt, liebt sie. Und wenn sie zu lieben aufhört, sagt sie es. Sie ist nobel. Daher glaube ich, daß sie sehr aktuell ist. Nicht wahr? Die Frau kämpft um ihre Rechte. Sie kämpft mit voller Berechtigung um die Gleichstellung ihrer menschlichen und materiellen Rechte mit denen des Mannes. Sagen wir es doch ganz klar: Es ist nicht gerecht, daß eine Kellnerin weniger verdient als ein Kellner. Warum sollte sie, wenn die Arbeitsleistung die gleiche ist? Deswegen, so glaube ich, ist die Gestalt der Carmen von großer Aktualität.

Ich denke, daß dies die Erklärung für ihre Auferstehung als neuer Mythos in unseren Tagen ist. Aber es gibt noch einen weiteren Grund: Die Carmen, besonders die Opernfigur, wurde immer relativ oberflächlich und frivol gezeichnet. Doch wie ich sie sehe, hat Carmen viel mehr Tiefe und viel mehr Stärke. Unsere Carmen ist mehr durch Mérimée als durch Bizet inspiriert. Obwohl wir die Oper sehr oft hörten, beeindruckte die Novelle uns wesentlich mehr. Die Musik haben wir in etwas anachronistischer Weise eingebaut. Doch haben wir weder die Novelle von Mérimée noch die Oper von Bizet neu geschaffen. Wir haben uns allerdings die Tatsache zunutze gemacht, daß Mérimée eine sehr gute Beschreibung jener Zeitepoche gibt, der Kultur, der Typen, der Atmosphäre. Dies alles, einschließlich der Art und Umstände des Todesaktes, haben wir in unsere Zeit transponiert.

Aus Carmen haben wir wieder eine Spanierin gemacht. Dies hat den Film jedoch nicht daran gehindert, im Ausland unendlich viel mehr Erfolg zu haben als in Spanien. Einen unsagbaren Erfolg! Ich glaube, es liegt daran, daß wir ein Volk sind, das sich über alles erhaben fühlt, alles zu wissen glaubt. Im Ausland, wo die Leute viel mehr modernes Theater sehen und in die Oper gehen, hat man die Umsetzung der *Carmen*, die wir gemacht haben, viel besser schätzen können.

In Italien, wo es eine enorme Operntradition gibt, wo man die *Carmen* genau kennt, hat man ihr eine wesentlich höhere Bedeutung zugemessen als in Spanien. Und in Frankreich hieß es in der Kritik von Le Figaro – ich glaube, es war Le Figaro –, daß Carmen stolz sein müsse, durch uns wieder in ihr Ursprungsland zurückzukehren. Die spanische Presse hingegen reagierte erst, als sie den Film für den «Oscar» vorschlugen. Da ließ man die Glocken läuten und berichtete täglich über dieses Thema. Jeder fühlte sich nun ein wenig für das Werk verantwortlich.

Film und Theater

Trotzdem glaube ich, daß in Spanien die Theaterversion in der Presse und im Publikum mehr Anklang fand. Möglicherweise, aber ich mag mich irren, lag dies an der mehr direkten Begeisterung der Zuschauer oder auch an den Preisen, die die Theateraufführung erhielt ... Um die Wahrheit zu sagen, ich kann mich durch den Film ebenso gut ausdrükken wie durch das Theater. Für mich ist alles Tanz, Choreographie. In dieser Hinsicht habe ich mich in dem Film von Rosi genauso wohlgefühlt. Aber es ist eine Arbeit, die sich von unserer *Carmen* sehr unterscheidet.

Was unsere beiden Versionen betrifft, fühle ich mich der einen so nahe wie der anderen, weil sie verschieden sind. Die Technik des Films ist völlig anders als die des Theaters. Außerdem habe ich im Film eine Doppelrolle: als Tänzer und als Schauspieler. Im Theater wird die Handlung getanzt – ohne Text. Ich bin sehr glücklich, den Film gemacht zu haben, und ich fühle mich sehr gut mit der Theateraufführung.

Man hat mich verschiedentlich gefragt, warum Laura del Sol im Film und Cristina Hoyos im Theater spielt. Die Erklärung ist, daß die Geschichte des Drehbuchs eine jüngere Tänzerin als Cristina vorschrieb, eine Tänzerin mit einem völlig anderen Stil als dem unseres Ensembles, das heißt, es sollte ein ganz neues Mädchen sein, das die Handlung glaubhaft machte, diese Liebesbeziehung zwischen dem Choreographen und der Neuen. Und im Theater tanzt Cristina, weil sie immer meine Partnerin ist und weil sie, das muß ich sagen, einfach die Beste ist. Für das Theater gibt es keine Bessere. Das zeigt die Aufführung und das schreibt die Kritik. Damit will ich Laura del Sol in keiner Weise abwerten; ich bin überzeugt, daß sie sich an unserer Seite in zwei oder drei Jahren perfekt in unsere Truppe einfügt, aber heute zeigt sie noch eine Schule, die sich von meiner Arbeitsmethode unterscheidet.

Ein Kritiker hat gesagt, daß der Film *Carmen* unter anderen Aussagen auch den Prozeß der Schaffung eines Balletts beschreibt und einen Choreographen, der darum kämpft, die richtige Kreation zu finden. In dieser Hinsicht ist der Film *Carmen* autobiographisch ... Ich habe wirklich viel Angst, zögere, zweifle, bin wie gelähmt ... Und ich bewundere die Leute, die keine Furcht vor dem Augenblick der Begegnung mit einem Schöpfungsakt haben. Ich sterbe vor Angst, und ich glaube, daß sich diese Angst über die Leinwand mitteilt. Die Furcht, nicht ausdrücken zu können, was dir vorschwebt, die inneren Zweifel, die einen quälen ... Dieser ganze Schmerz, der einen befällt, ehe man in der Arbeit versinkt ... Die Einsamkeit, die ein Mensch fühlt, der etwas erschaffen muß ...

Der Film reflektiert meinen Stil, meine Art zu arbeiten, wenn ich Ballett mache, wenn ich als Choreograph arbeite. Dazu gehört auch, wie ich Laura anschreie. Es ist eine harte und fordernde Art des Arbeitens. Mit der ganzen Truppe. Aber alle wissen, daß ich so bin. Sie sind schon lange bei mir. Einmal fiel mir das traurige Gesicht eines Tänzers auf, und ich fragte ihn: «Was ist los mit dir?» «Sie haben mich seit mindestens einer Woche nicht mehr angeschrieen», antwortete er.

Die Arbeit des Probens ist so hart, daß wir manchmal völlig erschöpft sind. Und im Theater, vor dem Publikum ist es eine zweifache Erschöpfung: psychisch und physisch. Wenn ich mich in die betreffende Gestalt versetze und tanze, verausgabe ich mich so, daß ich selbst bezweifle, noch einmal auf die Bühne treten zu können.

Zum Schluß möchte ich nochmals auf die verschiedenen Aussagen des Films zu sprechen kommen: Ich würde sagen, daß *ein* Inhalt die Schilderung einer leidenschaftlichen, wenn auch unerfüllbaren Liebe ist. *Sie* ist eine freiheitsliebende Frau, begierig, ihr eigener Herr zu sein und sich nicht den Regeln der Gesellschaft zu unterwerfen. *Er* ist ebenfalls leidenschaftlich, jedoch besitzergreifend und mit der Neigung zu beherrschen behaftet. Der Mann in seiner traditionellen Rolle. Und Carmen in der Rolle der modernen Frau, die sich befreien möchte. Eine Haltung, die der Carmen, mit der ich mich hundertprozentig identifiziere. Gefühlsmäßig bin ich auf ihrer Seite; ich hätte Carmen gesagt, daß sie richtig handelt. Das heißt, ich bin nicht zu einem Don José geboren und dazu, sie zu töten. Ich als Don José hätte ihr gesagt: «Du machst es richtig. Geh zu dem Torero. Sei glücklich. Was soll ich machen? Diesmal hat es eben mich getroffen ...»

Andererseits verstehe ich auch Carlos, wenn er in seinem Drehbuch in etwa sagt, daß die Liebe, die Don José für Carmen empfindet, so groß ist, so absolut, daß er Selbstmord begeht, indem er sie tötet. Don José ist wirklich ein Mann, der auf diese Art liebt. Er geht bis zum Tod, zum Töten, und damit tötet er sich selbst.

Carlos Saura: **Glanzlichter aus den Vorbereitungen und den Dreharbeiten**

1. Antonio Gades diskutiert mit Carlos Saura einen Punkt der Choreographie, während im unteren Teil des Bildes die Tänzerinnen sich einen Augenblick ausruhen.

2. Saura und Gades besprechen das Drehbuch.
3. Sie betrachten den Ablauf einer Szene.
4. Eine Pause während der Dreharbeiten, die Gades zum Lesen benutzt.

Antonio Saura: Variationen über das Thema «Carmen»

Antonio Saura, der berühmte Maler von internationalem Ruf, der in Paris lebt, schuf die Bühnengestaltung für *Carmen*. Gleichzeitig ist er der Autor einer Serie origineller Zeichnungen von *Carmen*; einige von ihnen fanden Verwendung für die Programmhefte, eine andere zierte das Filmplakat für Cannes.

Die Zeichnungen, die Antonio Saura uns freundlicherweise für dieses Buch überließ, sind ein Teil der Serie und gehören zur Privatsammlung des Malers. Die gesamte Serie ist im Besitz von Antonio Saura – mit Ausnahme von nur drei Zeichnungen: eine gehört seinem Bruder Carlos Saura, eine weitere Emiliano Piedra, und die dritte besitzt Antonio Gades.

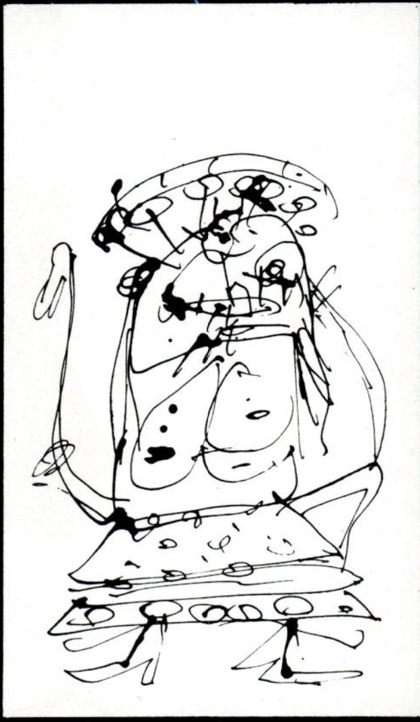

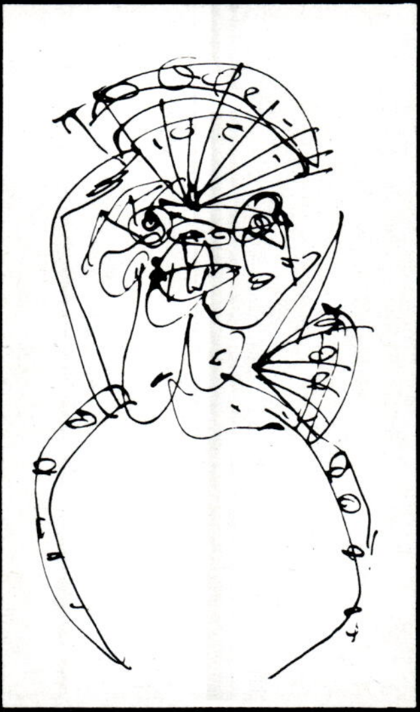